CEDU(쎄듀)는 A Comprehensive English eDUcation(종합적 영어교육)의 약자입니다.

펴낸이 김기훈 김진희

펴낸곳 ㈜쎄듀/서울시 강남구 논현로 305 (역삼동)

발행일 2018년 5월 4일 초판 1쇄

내용 문의 www.cedubook.com

구입 문의 콘텐츠 마케팅 사업본부

Tel. 02-6241-2007

Fax. 02-2058-0209

등록번호 제22-2472호

ISBN 978-89-6806-110-3

교과서 지식으로 영문 독해를 자신 있게!

리딩 릴레이

READING RELAY

CHALLENGER

저자

김기훈 現 ㈜ 쎄듀 대표이사
現 메가스터디 영어영역 대표강사
前 서울특별시 교육청 외국어 교육정책자문위원회 위원
저서 천일문 / 천일문 Training Book / 천일문 GRAMMAR
어법끝 / 어휘끝 / 첫단추 / 쎈쓰업 / 파워업 / 빈칸백서 / 오답백서
쎄듀 본영어 / 문법의 골든룰 101 / ALL씀 서술형 / 수능실감
거침없이 Writing / Grammar Q / Reading Q / Listening Q
리딩 플랫폼 / 리딩 16 등

쎄듀 영어교육연구센터
쎄듀 영어교육센터는 영어 콘텐츠에 대한 전문지식과 경험을 바탕으로
최고의 교육 콘텐츠를 만들고자 최선의 노력을 다하는 전문가 집단입니다.

장혜승 선임연구원

교재 개발에 도움 주신 분들

강성규선생님 (SK English Clinic)
김나하나선생님 (부산 혜광고등학교)
김유희선생님 (광주 루케테 영어교습소)
박지인선생님 (의정부 레몬티영어)
석태용선생님 (진주 시스템 영어학원)
장소연선생님 (대전 죽동 타임학원)
강아현선생님 (서울 연희중학교)
김수현선생님 (용인 sky 학원)
김윤수선생님 (수원 애드온학원)
박천형선생님 (수원 한빛학원)
여지영선생님 (광명 포텐업 영어학원)
전숙정선생님 (부산 링구아어학원 전국 본원)
곽동윤선생님 (前 평촌 용샘의 영어날개)
김영미선생님 (군산 EiE 학원)
김희진선생님 (진주 종로엠스쿨)
박혜진선생님 (종로 파고다어학원)
이선화선생님 (포항 Sunny English(YBM리딩클럽))
조원웅선생님 (시흥 클라비스 영어 전문학원)

마케팅	콘텐츠 마케팅 사업본부
영업	문병구
제작	정승호
인디자인 편집	올댓에디팅
표지 디자인	윤혜영
내지 디자인	PINT Graphics
일러스트	바니모모, 그림숲
영문교열	Eric Scheusner

Preface

중등 독해 〈리딩 릴레이〉 시리즈를 펴내며

중등 독해, 무엇을 어떻게 읽어야 할까?

아이들은 짧고 재미있는 이야기를 읽기 시작해 점차 다양한 성격의 글을 접하게 됩니다. 하지만 학년이 올라가면서 영어에만 투자할 수 있는 시간이 점차로 줄어들기 때문에 무조건 많은 양의 읽기로 독해력을 키우는 것이 현실적으로 어렵습니다. 즉 학습할 과목이 늘어나는 중학교 시기에는 무작정 많고 다양한 글을 읽기보다 효과적이고 효율적인 읽기에 초점이 맞춰져야 합니다.

초등학교 때와 달리 중학교에서는 문법이 강조되고, 이후 고등학교에서는 그동안 쌓아온 어휘와 문법을 적용하여 빠르게 지문을 읽고 정확하게 내용을 파악하는 능력이 요구됩니다. 따라서 중학교 때 기본 어휘를 익히고 학습한 문법을 응용하여 글을 읽는 능력을 키우는 것이 중요합니다.

이를 위하여 본 시리즈는 효율적인 독해 학습을 위해 교육부가 지정한 필수 어휘와 교과 과정에 등장하는 소재를 바탕으로 한 지문들로 구성하였습니다. 또한, 중학교 교과목 내용과 관련된 배경 지식을 쌓으면서 영어 지문의 이해도를 높이고, 독해의 부담을 줄일 수 있도록 설계하였습니다.

❶ 탄탄한 어휘력은 효율적인 학습의 시작입니다.

어휘 학습은 글의 이해를 도와주는 중요한 역할을 합니다. 〈리딩 릴레이〉 시리즈는 교육부에서 지정한 필수 어휘 중 교과서에서 빈출되는 어휘와 주요 표현들을 지문 속에서 자연스럽게 학습하여 어휘력과 독해 실력을 동시에 쌓을 수 있습니다.

❷ 배경 지식 활용이 이해의 바탕이 됩니다.

중학교 교과목을 바탕으로 소재를 선정하여 관련되는 우리말 배경 지식을 쌓은 후, 이어지는 내용을 영어 지문으로 읽음으로써 조금 더 친근하게 영어 지문에 다가갈 수 있도록 구성하였습니다. 이렇게 쌓인 배경 지식은 또 다른 영어 지문을 대할 때도 이해력과 자신감을 높여주고 나아가 다른 교과목의 학습에도 시너지를 낼 수 있으리라 생각합니다.

효율적인 독해 학습을 돕는 〈리딩 릴레이〉 시리즈를 통해 학습 부담을 줄이고 교과 과정에 흥미를 더해줄 지식을 쌓으면서 독해의 즐거움을 느낄 수 있기를 바랍니다.

저자

Preview

〈리딩 릴레이〉의 구성과 특징

이 시리즈는 다음과 같이 구성되어 있습니다.

❶ 어휘와 배경 지식을 먼저 접하여 효과적인 독해 학습이 되도록 구성하였습니다.

❷ 영어 독해 실력 향상을 목표로 하는 학생뿐 아니라 영어 독해에 대해 두려움이나 거부감을 가진 학생들을 위한 책으로 지문 관련 내용과 좀 더 친숙해질 수 있습니다.

01 Chapter Preview

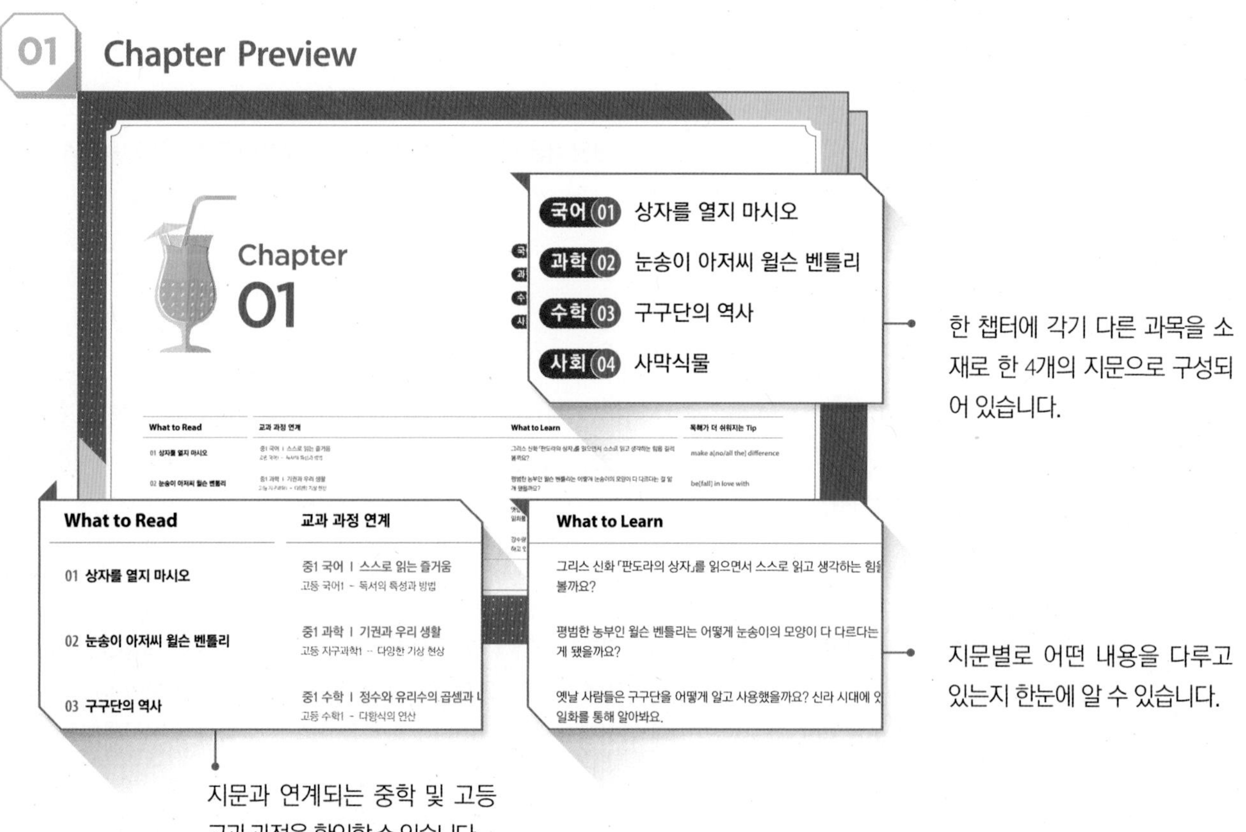

한 챕터에 각기 다른 과목을 소재로 한 4개의 지문으로 구성되어 있습니다.

지문별로 어떤 내용을 다루고 있는지 한눈에 알 수 있습니다.

지문과 연계되는 중학 및 고등 교과 과정을 확인할 수 있습니다.

02 교육부 지정 중학 필수 어휘

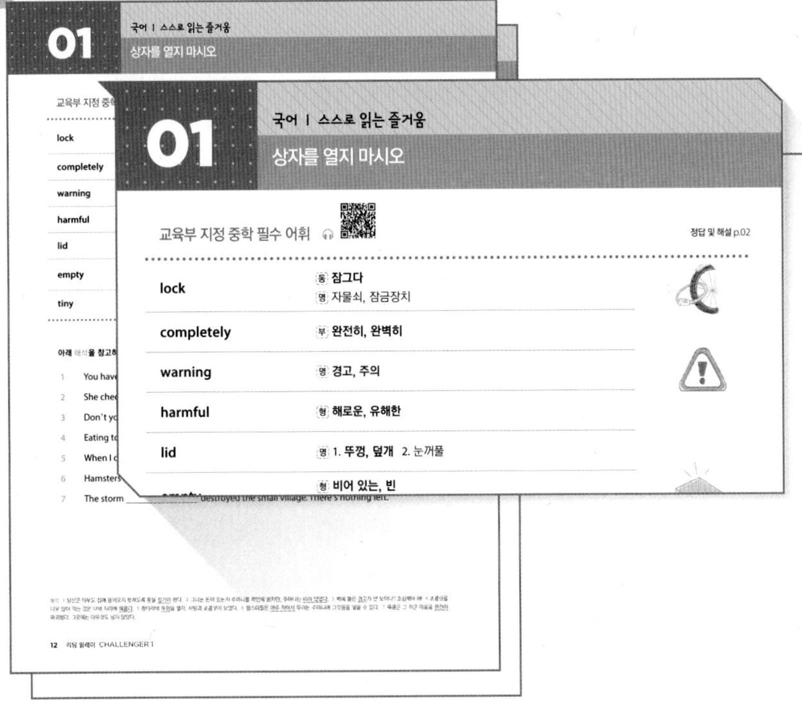

교육부에서 지정한 필수 어휘로, 중학교 교과서에 빈출되는 것 위주로 수록하였습니다.

또한, 휴대폰을 통해 QR코드를 인식하여 교육부 지정 중학 필수 어휘의 MP3 파일을 들을 수 있습니다.

03 START READING!

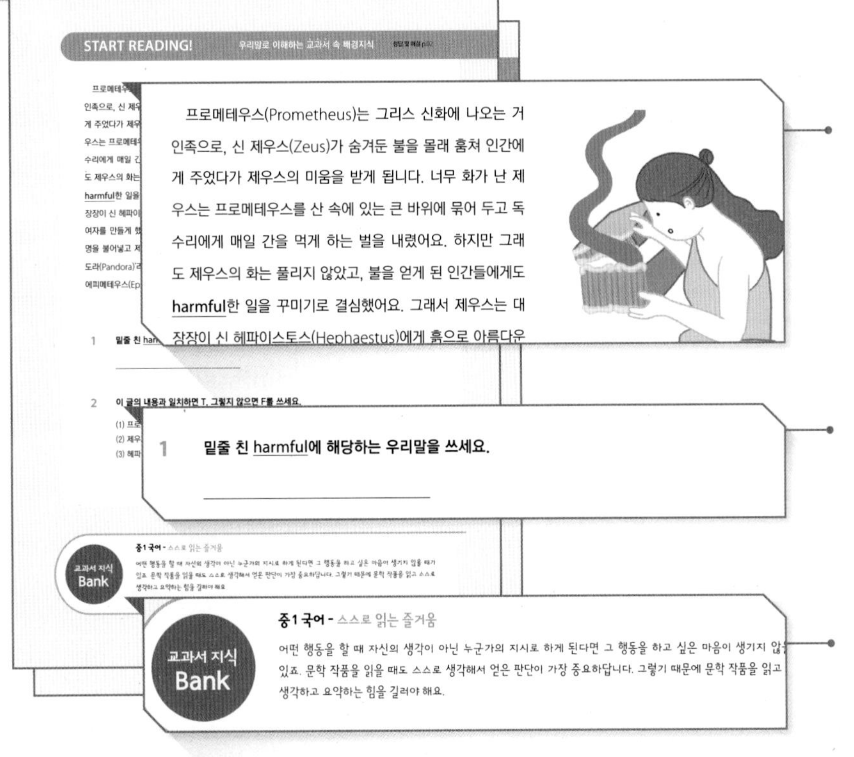

우리말로 가볍게 지문 관련 배경지식을 먼저 읽어보세요. 뒷 페이지에 이어지는 영어 지문을 자신 있게 읽어 내려갈 수 있습니다.

일치/불일치, 어휘, 영작 등의 문제를 통해 우리말 배경지식에 등장한 내용 및 필수 어휘를 확인해보세요.

[교과서 지식 Bank]를 통해 해당 과목 교과서 관련 내용을 읽어볼 수 있습니다.

04 KEEP READING!

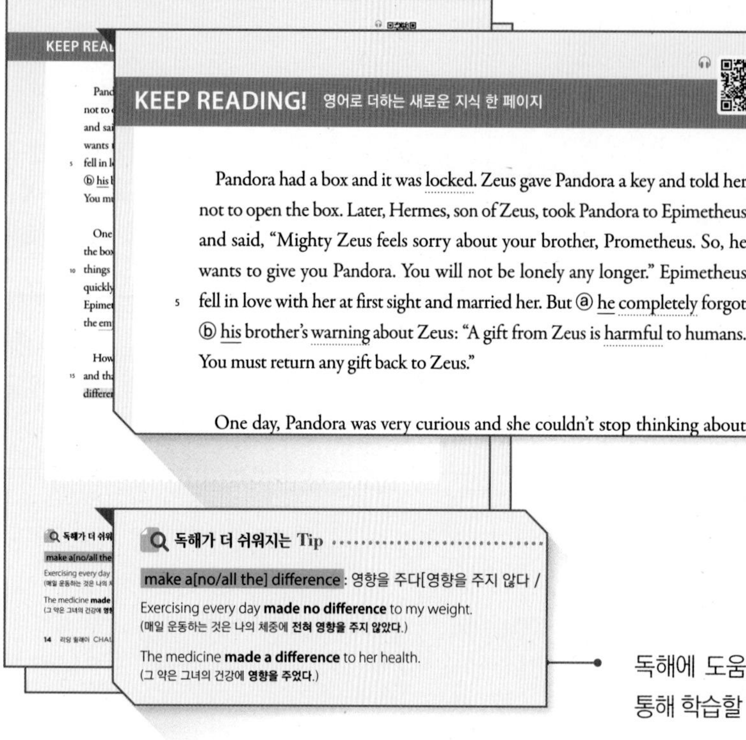

우리말 배경지식에 이어지는 다양한 소재의 영어 지문은 흥미를 배가시켜주고 다른 과목에 대한 지식을 쌓게 해줍니다.

또한, QR코드로 해당 지문 MP3 파일을 들을 수 있습니다.

독해에 도움이 되는 필수 표현 및 구문을 추가 예문을 통해 학습할 수 있습니다.

05

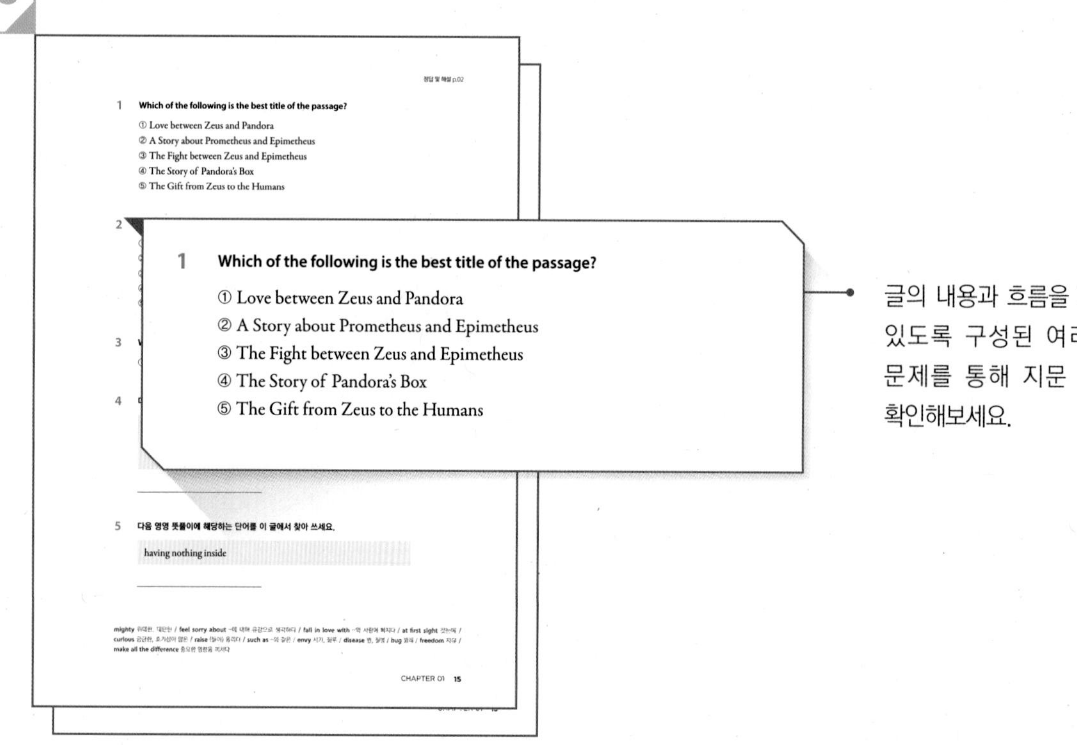

글의 내용과 흐름을 파악할 수 있도록 구성된 여러 유형의 문제를 통해 지문 이해도를 확인해보세요.

06 별책 부록 – 단어 암기장

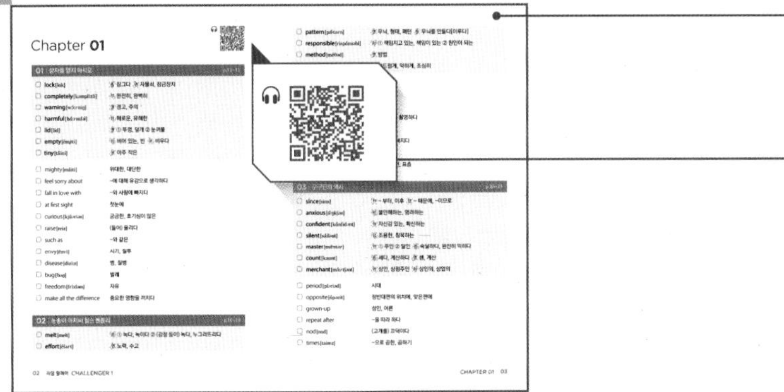

별책 부록으로 단어 암기장이 함께 제공됩니다. 중학 필수 어휘와 지문에 나온 주요 어휘들을 수록하였습니다.

QR코드를 통해 단어 MP3 파일을 들을 수 있습니다.

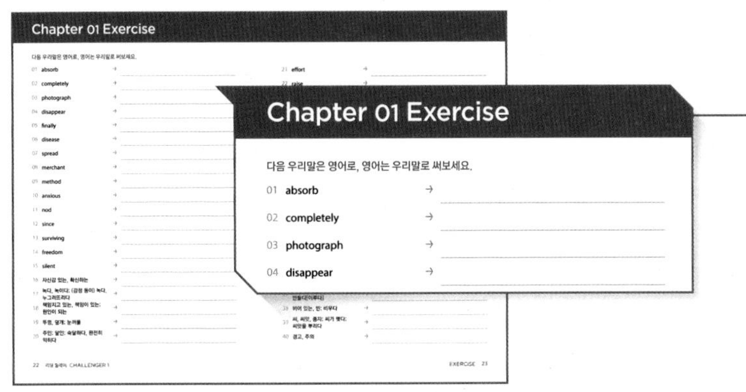

학습한 단어 의미를 복습하면서 어휘력을 기를 수 있습니다.

07 무료 부가서비스

1. 어휘리스트

2. 어휘테스트

3. 직독직해 연습지

4. 받아쓰기 연습지

5. 영작 연습지

학습을 돕는 부가서비스 자료들을 활용하여 복습할 수 있습니다.

무료 부가서비스 자료는 www.cedubook.com에서 다운로드 가능합니다.
1. MP3 파일 2. 어휘리스트 3. 어휘테스트 4. 어휘출제프로그램 5. 직독직해/받아쓰기/영작 연습지

Contents

Chapter 01

What to Read	교과 과정 연계
01 상자를 열지 마시오	중1 국어 I 스스로 읽는 즐거움 고등 국어1 - 독서의 특성과 방법
02 눈송이 아저씨 윌슨 벤틀리	중1 과학 I 기권과 우리 생활 고등 지구과학1 - 다양한 기상 현상
03 구구단의 역사	중1 수학 I 정수와 유리수의 곱셈과 나눗셈 고등 수학1 - 다항식의 연산
04 사막식물	중학 사회1 I 극한 지역에서의 생활 고등 지리 - 건조 기후와 건조 지형

국어 01 상자를 열지 마시오

과학 02 눈송이 아저씨 윌슨 벤틀리

수학 03 구구단의 역사

사회 04 사막식물

What to Learn	독해가 더 쉬워지는 Tip
그리스 신화 「판도라의 상자」를 읽으면서 스스로 읽고 생각하는 힘을 길러 볼까요?	make a[no/all the] difference
평범한 농부인 윌슨 벤틀리는 어떻게 눈송이의 모양이 다 다르다는 걸 알게 됐을까요?	be[fall] in love with
옛날 사람들은 구구단을 어떻게 알고 사용했을까요? 신라 시대에 있었던 일화를 통해 알아봐요.	make
강수량이 부족하고 매우 건조한 사막에 있는 식물은 하루하루 어떻게 생존하고 있을까요?	take in

01

국어 | 스스로 읽는 즐거움

상자를 열지 마시오

교육부 지정 중학 필수 어휘

정답 및 해설 p.02

lock	동 **잠그다** 명 자물쇠, 잠금장치
completely	부 **완전히, 완벽히**
warning	명 **경고, 주의**
harmful	형 **해로운, 유해한**
lid	명 1. **뚜껑, 덮개** 2. 눈꺼풀
empty	형 **비어 있는, 빈** 동 비우다
tiny	형 **아주 작은**

아래 해석을 참고하여 다음 각 빈칸에 적절한 단어를 위의 목록에서 골라 쓰세요. (동사의 시제와 명사의 수에 유의)

1 You have to ________________ the door so no one can come into the house.

2 She checked her pockets for money, but they were ________________.

3 Don't you see the ________________ on the wall? You need to be careful.

4 Eating too much chocolate is ________________ for your teeth.

5 When I opened the ________________ of the jar, I saw candies and chocolates.

6 Hamsters are ________________ so we can put them into our pockets.

7 The storm ________________ destroyed the small village. There's nothing left.

해석 1 당신은 아무도 집에 들어오지 못하도록 문을 잠가야 한다. 2 그녀는 돈이 있는지 주머니를 확인해 봤지만, 주머니는 비어 있었다. 3 벽에 붙은 경고가 안 보이니? 조심해야 해! 4 초콜릿을 너무 많이 먹는 것은 너의 치아에 해롭다. 5 항아리의 뚜껑을 열자, 사탕과 초콜릿이 보였다. 6 햄스터들은 아주 작아서 우리는 주머니에 그것들을 넣을 수 있다. 7 폭풍은 그 작은 마을을 완전히 파괴했다. 그곳에는 아무것도 남지 않았다.

프로메테우스(Prometheus)는 그리스 신화에 나오는 거인족으로, 신 제우스(Zeus)가 숨겨둔 불을 몰래 훔쳐 인간에게 주었다가 제우스의 미움을 받게 됩니다. 너무 화가 난 제우스는 프로메테우스를 산 속에 있는 큰 바위에 묶어 두고 독수리에게 매일 간을 먹게 하는 벌을 내렸어요. 하지만 그래도 제우스의 화는 풀리지 않았고, 불을 얻게 된 인간들에게도 harmful한 일을 꾸미기로 결심했어요. 그래서 제우스는 대장장이 신 헤파이스토스(Hephaestus)에게 흙으로 아름다운 여자를 만들게 했어요. 헤파이스토스는 완성된 여자에게 생명을 불어넣고 제우스에게 데려갔죠. 제우스는 그녀에게 '판도라(Pandora)'라는 이름을 지어주고, 프로메테우스의 동생 에피메테우스(Epimetheus)에게 보내기로 합니다.

SEE THE NEXT PAGE! »

1 밑줄 친 harmful에 해당하는 우리말을 쓰세요.

____

2 이 글의 내용과 일치하면 T, 그렇지 않으면 F를 쓰세요.

(1) 프로메테우스는 제우스의 불을 훔쳐 인간에게 주었다. ________
(2) 제우스는 프로메테우스의 행동을 칭찬하고 상을 주었다. ________
(3) 헤파이스토스는 흙으로 여자를 만들었다. ________

교과서 지식 Bank

중1 국어 - 스스로 읽는 즐거움

어떤 행동을 할 때 자신의 생각이 아닌 누군가의 지시로 하게 된다면 그 행동을 하고 싶은 마음이 생기지 않을 때가 있죠. 문학 작품을 읽을 때도 스스로 생각해서 얻은 판단이 가장 중요하답니다. 그렇기 때문에 문학 작품을 읽고 스스로 생각하고 요약하는 힘을 길러야 해요.

KEEP READING! 영어로 더하는 새로운 지식 한 페이지

Pandora had a box and it was locked. Zeus gave Pandora a key and told her not to open the box. Later, Hermes, son of Zeus, took Pandora to Epimetheus and said, "Mighty Zeus feels sorry about your brother, Prometheus. So, he wants to give you Pandora. You will not be lonely any longer." Epimetheus fell in love with her at first sight and married her. But ⓐ he completely forgot ⓑ his brother's warning about Zeus: "A gift from Zeus is harmful to humans. You must return any gift back to Zeus."

One day, Pandora was very curious and she couldn't stop thinking about the box. So, she opened the box with the key. As she raised the lid, all the bad things in the world, such as envy, sickness, hate, and disease, came out. She quickly closed the box, but it was already too late. Pandora started crying, and Epimetheus came. "What happened?" ⓒ he asked, and she showed ⓓ him the empty box.

However, before she closed the box again, a tiny bug flew out. ⓔ He smiled and thanked her for his freedom. That tiny bug was Hope. He made all the difference in the world.

독해가 더 쉬워지는 Tip

make a[no/all the] difference : 영향을 주다[영향을 주지 않다 / 중요한 영향을 끼치다]

Exercising every day **made no difference** to my weight.
(매일 운동하는 것은 나의 체중에 **전혀 영향을 주지 않았다**.)

The medicine **made a difference** to her health.
(그 약은 그녀의 건강에 **영향을 주었다**.)

정답 및 해설 p.02

1 **Which of the following is the best title of the passage?**

① Love between Zeus and Pandora
② A Story about Prometheus and Epimetheus
③ The Fight between Zeus and Epimetheus
④ The Story of Pandora's Box
⑤ The Gift from Zeus to the Humans

2 **다음 중 이 글에서 언급되지 않은 것을 고르세요.**

① 상자를 판도라에게 전달해준 사람
② 제우스와 프로메테우스의 관계
③ 프로메테우스가 경고한 내용
④ 상자의 내용물
⑤ 상자에서 마지막으로 나온 것

3 **Which of the following is different among the underlined ⓐ ~ ⓔ?**

① ⓐ ② ⓑ ③ ⓒ ④ ⓓ ⑤ ⓔ

4 **다음 빈칸 (A)와 (B)에 공통으로 들어갈 단어를 본문에서 찾아 쓰세요.**

(1) The ___(A)___ of the jar is closed too tightly. I cannot open it.
(2) She keeps closing the ___(B)___ of her right eye. There must be something in her eye.

____

5 **다음 영영 뜻풀이에 해당하는 단어를 이 글에서 찾아 쓰세요.**

having nothing inside

____

mighty 위대한, 대단한 / **feel sorry about** ~에 대해 유감으로 생각하다 / **fall in love with** ~와 사랑에 빠지다 / **at first sight** 첫눈에 / **curious** 궁금한, 호기심이 많은 / **raise** (들어) 올리다 / **such as** ~와 같은 / **envy** 시기, 질투 / **disease** 병, 질병 / **bug** 벌레 / **freedom** 자유 / **make all the difference** 중요한 영향을 끼치다

02

과학 | 기권과 우리 생활

눈송이 아저씨 윌슨 벤틀리

교육부 지정 중학 필수 어휘

정답 및 해설 p.04

melt	동 1. **녹다, 녹이다** 2. (감정 등이) 녹다, 누그러뜨리다
effort	명 **노력, 수고**
pattern	명 **무늬, 형태, 패턴** 동 무늬를 만들다[이루다]
responsible	형 1. 책임지고 있는, 책임이 있는 2. **원인이 되는**
method	명 **방법**
gently	부 **부드럽게, 약하게, 조심히**

아래 해석을 참고하여 다음 각 빈칸에 적절한 단어를 위의 목록에서 골라 쓰세요. (동사의 시제와 명사의 수에 유의)

1 My ice cream will ________________ soon because of the hot weather.

2 A great ________________ produces great results.

3 His ________________ of teaching is working. The kids in his class learn faster than others.

4 Since the car's brakes were ________________ for the accident, the owner called the car company.

5 She bought a dress with a flower ________________ because it was spring.

6 He ________________ touched the puppy's head. He was very careful with the puppy.

해석 1 더운 날씨 때문에 내 아이스크림이 금방 녹을 것이다. 2 큰 노력은 위대한 결실을 가져다준다. 3 그의 교육 방법은 효과가 있다. 그의 반 아이들은 다른 반 아이들보다 빨리 배운다. 4 그 자동차의 브레이크가 사고의 원인이었기 때문에 그 소유자는 자동차 회사에 전화했다. 5 봄이었기 때문에 그녀는 꽃무늬가 있는 원피스를 샀다. 6 그는 부드럽게 강아지의 머리를 만졌다. 그는 강아지를 다룰 때 매우 조심했다.

 정답 및 해설 p.04

겨울에 내리는 눈송이(snowflake)는 pattern이 다 다르다는 것을 한 번쯤 들어봤을 거예요. 눈송이의 모양은 대기의 기온과 수분의 양에 따라 달라지는데요, 1260년쯤 최초의 연금술사로 알려진 알베르투스 마그누스는 눈이 결정을 가지고 있다는 사실을 자신의 책에 기록했어요. 이어서 여러 학자들은 눈송이가 육각형 계통의 결정이며 무려 100가지 이상의 눈꽃 결정이 존재한다는 사실을 밝혔지만, 실제로 눈으로 확인하기가 어려웠지요. 하지만 이후에 눈 결정이 사람 지문만큼 다양하다는 사실을 밝혀내고 증명한 사람이 있었는데, 그는 바로 과학자가 아닌 한 농부 윌슨 벤틀리(Wilson Bentley)였답니다. 더 놀라운 것은 **그가 이 사실을 밝혀냈을 때 나이가 고작 19살이었다는 거예요.**

SEE THE NEXT PAGE! »

1 **밑줄 친 pattern에 해당하는 우리말을 쓰세요.**

____

2 **굵게 표시한 부분과 일치하도록 아래 단어를 알맞게 배열하여 문장을 완성하세요.**

He was only 19 ____________________ about this!
(found / he / out / when)

교과서 지식 Bank

중1 과학 - 기권

지구 표면을 둘러싸고 있는 약 1,000㎞ 두께의 대기의 층을 기권이라고 해요. 지구를 일정한 온도로 덥혀서 지구에 생명체가 살 수 있는 환경을 만들고, 눈, 비와 같은 각종 기상 현상을 일으키기도 한답니다. 눈은 수증기를 많이 포함한 공기가 상승해서 커지면 무거워서 떨어지게 됩니다. 구름의 높이에 따라서 온도가 다르기 때문에 영하 20도 이하 층에서는 얼음만 존재하고 0도 이하 부위에서는 얼음과 함께 눈 결정이 되기 직전인 물방울들이 함께 존재해요. 이때 둘이 충돌하면서 성장해 다양한 형태의 눈 결정을 만들어 낸답니다.

When Wilson Bentley got a microscope for his 15th birthday present, he went outside and closely looked at snowflakes. He wanted to sketch them because they had interesting designs, but the snow melted before he could draw them. That's when he thought of taking pictures of them.

When he turned 17, he tried to photograph a snowflake with his camera and microscope, but it was not easy. After two years of effort, he finally took the world's first photograph of a snowflake in 1885.

People in his village called him 'Snowflake Man' because he was in love with snowflakes. Bentley took over 5,000 pictures of snowflakes, and was the first person to learn that every snowflake has a different pattern. He also found that cold, wind, and moisture are responsible for their differences.

Today, even though more than a hundred years have passed, scientists still use Wilson Bentley's method to photograph snowflakes — when a snowflake falls onto a dark surface, they gently move it under the microscope with a brush.

*microscope 현미경

**moisture 습기

독해가 더 쉬워지는 Tip

be[fall] in love with: ~와 사랑에 빠지다

He **was[fell] in love with** his new girlfriend. So, he thought about her all day.
(그는 새로 만난 여자 친구**와 사랑에 빠졌다**. 그래서 그는 종일 그녀만 생각했다.)

정답 및 해설 p.04

1 Which of the following is the best title of the passage?

① The Best Birthday Gift, a Microscope
② The First Known Photographer of Snowflakes
③ The Ways to Take Pictures of Snowflakes
④ An Old Story about 'Snowflake Man'
⑤ Wilson Bentley's Favorite Winter Activity

2 다음 중 이 글의 내용과 일치하지 않는 것을 고르세요.

① 벤틀리는 열다섯 번째 생일선물로 현미경을 받았다.
② 벤틀리는 처음에 눈송이를 그리고 싶어 했다.
③ 벤틀리는 2년의 노력 끝에 눈송이 사진을 찍을 수 있었다.
④ 마을 사람들은 벤틀리에게 눈송이 사진을 찍어보라고 권유했다.
⑤ 지금도 눈송이 사진을 찍을 때 벤틀리의 방법이 사용된다.

3 Why did the people in town call Bentley the "Snowflake Man"?

① 매일 눈송이 무늬의 옷을 입었기 때문에
② 눈이 많이 오는 날 태어났기 때문에
③ 눈송이 그림을 많이 그렸기 때문에
④ 눈송이를 너무 좋아했기 때문에
⑤ 눈송이에 관한 책을 썼기 때문에

4 눈송이의 모양이 달라지게 하는 요인 세 가지를 이 글에서 찾아 쓰세요.

____

5 다음 영영 뜻풀이에 해당하는 단어를 이 글에서 찾아 쓰세요.

a way of doing things

____

closely 면밀히 / **snowflake** 눈송이 / **sketch** 스케치하다 / **photograph** 사진을 찍다, 촬영하다 / **finally** 마침내 / **be in love with** ~와 사랑에 빠지다 / **cold** 추위 / **surface** (사물의) 표면, 표층

구구단의 역사

교육부 지정 중학 필수 어휘

정답 및 해설 p.05

since	전 ~ 부터, 이후 접 **~ 때문에, ~이므로**
anxious	형 **불안해하는, 염려하는**
confident	형 **자신감 있는, 확신하는**
silent	형 **조용한, 침묵하는**
master	명 1. 주인 2. 달인 동 **숙달하다, 완전히 익히다**
count	동 **세다, 계산하다** 명 셈, 계산
merchant	명 **상인, 상점주인** 형 상인의, 상업의

아래 해석을 참고하여 다음 각 빈칸에 적절한 단어를 위의 목록에서 골라 쓰세요. (동사의 시제와 명사의 수에 유의)

1 She ________________ the number of children in the room and made a list.

2 When I go on the stage, I feel ________________ and dizzy.

3 She practiced English a lot, so she felt ________________.

4 I am giving you this gift ________________ you were great in the play yesterday.

5 The ________________ opened the door to his store early in the morning.

6 She ________________ her math book. Now she can solve the problems with her eyes closed.

7 It is important to keep ________________ in the library.

해석 1 그녀는 방 안에 있는 아이들의 숫자를 세었고 명단을 만들었다. 2 난 무대에 올라갈 때 불안하고 어지럽다. 3 그녀는 영어를 많이 연습해서, 자신감이 있었다. 4 네가 어제 연극을 잘했기 때문에 난 너에게 이 선물을 주는 것이다. 5 그 상인은 아침 일찍 자신의 가게 문을 열었다. 6 그녀는 자신의 수학책을 완전히 익혔다. 이제 그녀는 눈감고도 문제를 풀 수 있다. 7 도서관에서 조용히 하는 것은 중요하다.

2×1=2, 2×2=4, 2×3=6, 2×4=8, …. 여러분 모두 초등학교 시절 구구단(multiplication table)을 외웠던 기억이 있죠? 지금은 모든 학생들이 초등학교에서 구구단을 배우지만 옛날 우리 조상들에게는 특별한 지식이었어요. 구구단은 신라시대에 처음 중국으로부터 전파되었는데, 계산이 엄청 편리해지기 때문에 소수의 귀족이나 왕실 사람들에게만 비밀스럽게 전해졌어요. **또 그들 가운데서도 성인들만이 구구단을 배울 수 있었어요.** 이렇게 고위 계층의 어른들에게만 학습되었던 구구단은 일반 사람들이 구구단을 접하더라도 어렵게 느껴 포기하도록 일부러 9단부터, 그것도 9단의 끝인 9×9=81부터 거꾸로 외웠다고 하네요. 바로 여기서 구구단의 이름이 유래된 것이죠.

SEE THE NEXT PAGE! »

1 **굵게 표시한 부분과 일치하도록 아래 단어를 알맞게 배열하여 문장을 완성하세요.**

Also, only ______________________ the multiplication tables among them. (adults / learn / could / the)

2 **이 글의 내용과 일치하면 T, 그렇지 않으면 F를 쓰세요.**

(1) 구구단은 신라 시대에 처음 일본으로부터 전파되었다. ________

(2) 구구단은 귀족이나 왕실 사람들만 배울 수 있었다. ________

(3) 당시, 일반 사람들이 어렵게 느끼도록 9단부터 외웠다. ________

교과서 지식 Bank

중1 수학 - 곱셈의 법칙

곱셈에는 교환법칙과 결합법칙이 성립해요. 곱하는 수의 순서를 바꾸어도 결과가 같은 것을 교환법칙이라고 하는데, 숫자를 예로 들어 보면 4×5와 5×4가 20으로 값이 같은 걸 알 수 있지요. 또, 세 수의 곱셈에서 어느 두 수를 먼저 곱해도 그 결과가 같은 것을 결합법칙이라고 하는데, 2×(3×4)의 값과 (2×3)×4의 값이 24로 같은 것을 알 수 있어요.

In the Shilla period, a father and a son were sitting opposite to each other in a room. The father said, "Son, you have to learn the multiplication tables since you are now a grown-up. Now, repeat after me." The son nodded, but he looked anxious. "We'll start from the nine times table. Nine times nine is eighty-one. Nine times eight is seventy-two. Nine times seven is sixty-three." "Nine times nine is eighty-one," the son said with a loud and confident voice. His father quickly stopped him. "Shh! You need to be silent! People outside cannot master the tables!"

A few days later, the son went to the market and passed a fruit shop. "These fruits look good. How much are they?" "These, the apples, are 3 won each. Those, the pears, are 4 won each," ⓐ the shopkeeper said. "I'll take three apples and two pears. How much do I have to pay then?" The seller used his fingers to count, but ⓑ he couldn't answer. "What's taking you so long? It's 17 won," ⓒ he said. "Wow, how do you count that fast?" ⓓ the merchant asked. "Three times three is nine, and four times two is eight. That makes 17 won." ⓔ The seller still didn't understand, so the son paid his money and left.

*multiplication table 구구단

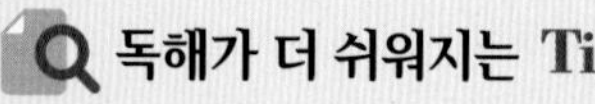
독해가 더 쉬워지는 Tip

make : (계산하면) ~이다, ~와 같다

Seven and six **makes** thirteen.
(7 더하기 6은 13**이다**.)

정답 및 해설 p.05

1 **다음 중 이 글의 제목으로 알맞은 것을 고르세요.**

① 구구단을 외워야 하는 이유
② 신라시대 사람들의 구구단
③ 구구단을 외우는 가장 쉬운 방법
④ 구구단을 만든 아버지와 아들
⑤ 신라시대에 구구단을 전파한 사람

2 **Which of the following is NOT true according to the passage?**

① 아들은 성인이 되어 구구단을 배웠다.
② 아버지는 구구단의 9단부터 시작했다.
③ 아버지는 아들에게 구구단을 조용히 따라 말하게 했다.
④ 아들은 농민들에게 구구단과 수학을 가르쳤다.
⑤ 상점주인은 구구단을 이해하지 못했다.

3 **Which of the following is different among the underlined ⓐ ~ ⓔ?**

① ⓐ ② ⓑ ③ ⓒ ④ ⓓ ⑤ ⓔ

4 **다음 빈칸 (A)와 (B)에 공통으로 들어갈 단어를 본문에서 찾아 쓰세요.**

(1) He is the ____(A)____ of baking bread. He bakes the best bread in the world.
(2) I'm practicing singing the song to ____(B)____ it.

____

5 **Find the word in the passage which has the given meaning.**

being very quiet, not talking

____

period 시대 / **opposite** 정반대편의 위치에, 맞은편에 / **grown-up** 성인, 어른 / **repeat after** ~을 따라 하다 / **nod** (고개를) 끄덕이다 / **times** ~으로 곱한, 곱하기 / **voice** 목소리 / **shh** 쉿, 조용히 / **pass** 지나가다 / **each** 각각, 각자 / **pear** 《과일》 배 / **shopkeeper** 상점주인 / **pay** 지불하다, 내다 / **seller** 파는 사람, 판매자 / **take** (얼마의 시간이) 걸리다 / **make** (계산하면) ~이다, ~와 같다 / **still** 그런데도
선택지 어휘 4 **practice** 연습하다

사막식물

교육부 지정 중학 필수 어휘

정답 및 해설 p.07

surviving	형 **살아남은, 잔존한**
interestingly	부 1. 흥미있게, 재미있게 2. **흥미롭게도**
spread – spread – spread	동 1. 펼치다, 피다 2. **퍼지다, 확산되다**
disappear	동 1. **사라지다, 안 보이게 되다** 2. 소멸되다, 멸종되다
seed	명 **씨, 씨앗, 종자** 동 1. 씨가 맺다 2. 씨앗을 뿌리다

아래 해석을 참고하여 다음 각 빈칸에 적절한 단어를 위의 목록에서 골라 쓰세요. (동사의 시제와 명사의 수에 유의)

1 Susan ________________ that night, and I couldn't find her anywhere.

2 Rumors ________________ quickly. If you tell one person, everyone knows the next day.

3 I planted some tomato ________________ last spring, and they grew very fast.

4 The ________________ people after an accident sometimes suffer for their whole life.

5 ________________, drinking cherry juice before bed may help you sleep well.

해석 1 수잔은 그날 밤 사라졌고 나는 어디서도 그녀를 찾을 수 없었다. 2 소문은 빠르게 퍼진다. 만약 당신이 한 명에게 말한다면 다음날이면 모두가 알고 있다. 3 나는 지난봄에 토마토 씨앗들을 심었고, 그것들은 빠르게 자랐다. 4 사고에서 살아남은 사람들은 때때로 평생 고통받는다. 5 흥미롭게도, 자기 전에 체리 주스를 마시는 것은 당신이 잘 자도록 도울지도 모른다.

 정답 및 해설 p.07

'사막'이라고 하면 모래만 잔뜩 있는 곳, 물이 없는 곳, 동식물이 살 수 없는 곳이라는 생각이 가장 먼저 들죠? 사실 사막에도 아주 가끔이지만 비가 내려요. 대부분 연평균 강수량이 125~250mm라고 하는데요, 우리나라의 연평균 강수량이 1,400mm 정도이니 정말 적은 양이죠? **따라서 다른 곳에 비해 사막은 식물들이 살기에 어려운 곳이에요.** 그렇다고 식물이 전혀 없는 것은 아니랍니다. 사막에서 사는 식물들은 덥고 건조한 조건에 적응되어 있어요. 식물들은 보통 햇빛을 차지하기 위해 경쟁을 하지만, 사막에서 surviving한 식물들은 물을 차지하기 위해 경쟁을 하지요.

SEE THE NEXT PAGE! »

1 밑줄 친 surviving에 해당하는 우리말을 고르세요.

① 흥미로운 ② 없어진 ③ 살아남은 ④ 펼쳐진

2 굵게 표시한 부분과 일치하도록 아래 단어를 알맞게 배열하여 문장을 완성하세요.

So deserts are ______________________ for plants compared to other places. (to / difficult / live / places)

교과서 지식 Bank

중학 사회1 - 사막화

사막 주변의 초원 지역이 점차 사라지면서 사막으로 변하는 현상을 말해요. 강수량의 부족으로 인해 지역이 건조해지면서 발생하기도 하고, 삼림 벌채와 개발 등의 인간 활동으로 인해 발생하기도 해요.

KEEP READING! 영어로 더하는 새로운 지식 한 페이지

The surviving plants in deserts have found their own ways of dealing with such a hot and dry place. Because it rains very little, they save as much water as possible when rain comes. Some plants have deep roots. They go down below the desert to find water. Others, such as saguaro cacti, have long roots. Interestingly, those roots spread far from the plant. Also, they are only 10 centimeters deep because they must absorb water before it disappears.

Because deserts are very hot and dry, seeds get dry quickly and die. Small animals may also eat them before they can begin to grow. The seeds often stay in sand for many years. They start to grow only when it rains. Then they take in water and grow very fast. Some of them even become flowers and make seeds of their own. Then, the seeds move by the wind and wait in the sand for many years until it rains again.

*saguaro cactus(cacti) 사와로 선인장

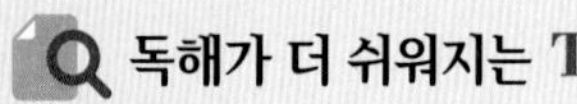

독해가 더 쉬워지는 Tip

take in : ~을 섭취[흡수]하다

You should **take in** more water while you're exercising.
(운동을 하는 동안에는 물을 더 많이 **섭취해야** 한다.)

정답 및 해설 p.07

1 **Which of the following is the best topic of the passage?**

① the most beautiful plant in the desert
② the ways plants in the desert survive
③ how to find an oasis in the desert
④ the difference between deserts and rainy areas
⑤ some tips for traveling in deserts

2 **이 글의 내용과 일치하면 T, 그렇지 않으면 F를 쓰세요.**

(1) 사막 식물들의 뿌리는 모두 땅속 깊이 파고든다. ________
(2) 사막 식물의 씨앗은 좀처럼 말라 죽지 않는다. ________
(3) 사막 식물의 씨앗은 비가 올 때만 자라기 시작한다. ________

3 **이 글의 밑줄 친 they가 가리키는 것을 본문에서 찾아 쓰세요.**

____

4 **다음 빈칸 (A)와 (B)에 공통으로 들어갈 단어를 본문에서 찾아 쓰세요.**

(1) He ___(A)___ the map carefully and checked the location of the treasure.
(2) That virus is very dangerous because it can ___(B)___ through air.

____

5 **다음 영영 뜻풀이에 공통으로 해당하는 단어를 이 글에서 찾아 원형으로 쓰세요.**

ⓐ to be no longer seen
ⓑ to no longer exist

____

plant 식물 / **desert** 사막 / **own** 자기 자신의 / **deal with** 대처하다 / **such** 그 정도의, 그렇게 / **root** (식물의) 뿌리 / **absorb** 흡수하다, 빨아들이다 / **take in** ~을 섭취[흡수]하다
선택지 어휘 **4 location** 위치 **5 no longer** 더 이상 ~아닌 / **exist** 존재하다

Chapter 02

What to Read	교과 과정 연계
01 폼페이: 사라진 도시	중1 과학 I 지권의 구조와 지각변동 고등 과학 - 화산과 지진
02 비둘기는 평화의 상징	중1 국어 I 표현의 맛 고등 국어1 - 유추에 의한 단어 형성
03 이색적인 수중 경험	중학 사회1 I 자연으로 떠나는 여행 고등 세계 지리 - 세계의 다양한 자연환경
04 트로이의 목마	중학 역사1 I 그리스와 로마 제국의 발전 고등 세계사 - 문명의 성립과 통일 제국

What to Learn	독해가 더 쉬워지는 Tip
폼페이는 화산 폭발이 일어나기 전, 어떤 모습이었을까요? 어떻게 도시가 순식간에 사라졌을까요?	stop -ing
문학 작품 속에 등장하는 상징들은 어떤 역할을 하며 무엇을 의미할까요?	start over
인도양에 있는 만타 리조트에서만 즐길 수 있는 특별한 자연경관은 무엇일까요?	quite a[some] + 명사
대표적인 고대 그리스 문학 작품 「오디세이」에 등장하는 '트로이의 목마'를 읽어봅시다.	a number of

01

과학 | 지권의 구조와 지각변동

폼페이: 사라진 도시

교육부 지정 중학 필수 어휘

정답 및 해설 p.10

port	명 **항구 (도시)**
fountain	명 1. **분수** 2. (~의) 원천, 근원
theater	명 **극장**
slave	명 **노예**
fancy	형 1. 장식이 많은 2. **값비싼[고급의]**
flow	동 **흐르다** 명 흐름

아래 해석을 참고하여 다음 각 빈칸에 적절한 단어를 위의 목록에서 골라 쓰세요. (동사의 시제와 명사의 수에 유의)

1 I like to have water fights with my friends around a ________________ in the summer.

2 The rich man had many ________________ working for him.

3 The biggest ________________ in Korea is in Busan, and it opened in 1876.

4 That dress looks ________________. I cannot imagine how much it costs.

5 Water always ________________ from higher places to lower ones.

6 I went to the ________________ with friends. We saw a new movie.

해석 1 나는 여름에 분수대 주변에서 친구들과 물장난하는 것을 좋아한다. 2 그 부유한 남자는 그를 위해 일하는 많은 노예들이 있었다. 3 한국에서 가장 큰 항구는 부산에 있으며, 그것은 1876년도에 개항했다. 4 그 드레스는 값비싸 보인다. 나는 그게 얼마인지 상상할 수조차 없다. 5 물은 항상 더 높은 곳에서 더 낮은 곳으로 흐른다. 6 나는 친구들과 극장에 갔다. 우리는 새 영화를 봤다.

START READING! 우리말로 이해하는 교과서 속 배경지식

정답 및 해설 p.10

폼페이(Pompeii)라는 이름의 도시를 알고 있나요? 이탈리아 남부에는 '나폴리'라는 곳이 있는데요, 고대에는 그 부근에 폼페이라는 도시가 있었어요. 폼페이는 B.C. 89년에 로마의 지배하에 들어간 이후 로마화가 진행된 도시였어요. 그러다 갑자기 베수비오 화산(Mount Vesuvius)이 폭발하면서 폼페이는 순식간에 화산재로 뒤덮였고, 그렇게 사라지고 말았답니다. 도시가 멸망한 후 사람들은 오랫동안 이곳의 존재를 잊고 살았어요. 그러다가 18세기 중반에 이곳이 다시 주목받기 시작했는데요, 그때 본격적으로 발굴이 시작되었기 때문이에요. 처음에는 벽화 몇 점이 나오다가 다른 유물들도 발견되었고, 당시의 집, theater 등도 발견되며 점차 한 도시 전체가 드러나게 된 것이지요.

SEE THE NEXT PAGE! »

1 밑줄 친 theater에 해당하는 우리말을 고르세요.

① 노예 ② 극장 ③ 항구 ④ 분수

2 이 글의 내용과 일치하면 T, 그렇지 않으면 F를 쓰세요.

(1) 과거에 이탈리아 남부에는 폼페이라는 도시가 있었다. ________

(2) 폼페이는 화산 폭발로 인해서 멸망하게 되었다. ________

(3) 18세기 중반, 폼페이 시대의 미라를 발견했다. ________

교과서 지식 Bank

중1 과학 - 화산 활동의 피해

화산 활동이란 지하 깊은 곳에 있던 마그마가 지각의 갈라진 틈을 뚫고 분출하는 현상을 말해요. 화산 활동이 발생하면 흘러내린 용암이 도시와 농경지를 파괴하고, 화재가 발생하기도 해요. 또, 화산재가 분출되어 항공 교통의 장애가 생기고, 햇빛의 일부를 차단해 대기의 온도를 낮춰 생태계를 파괴하기도 한답니다.

In the first century, Pompeii had a port and did a lot of trade with other cities. There were many shops, fountains, and other public places such as bathhouses and theaters. The people of Pompeii also loved to go to the forum, a Roman meeting place. At the forum, they talked about important public issues. Many people in the city were wealthy. They lived in large villas, wore expensive clothes, and had slaves. They often enjoyed fancy meals with many courses.

There were a few signs before the eruption of Mount Vesuvius. People in Pompeii felt small earth tremors. Some of the water fountains stopped flowing, and there were cracks in stone walls. Some people felt afraid and moved to other cities. But others stayed and prayed to the mountain because they thought that the god of fire was angry. They didn't know Mount Vesuvius was a volcano at that time.

*eruption (화산의) 폭발

**earth tremor 미진 《진도 1의 약한 지진》

***crack 갈라진 틈

독해가 더 쉬워지는 Tip

stop -ing : ~하는 것을[하기를] 멈추다[그만두다]

She **stopped going** to the class after she got a job.
(그녀는 직장을 얻은 후, 그 수업에 **가는 것을 그만두었다.**)

Can you **stop making** noise? I can't read this book.
(**떠드는 것을 멈춰** 줄래? 이 책을 읽을 수가 없어.)

1 **Which of the following is the best title of the passage?**

① 폼페이는 어떻게 생겨났는가?
② 폼페이를 통치한 인물들
③ 화산 폭발 전의 폼페이 사람들의 생활상
④ 관광지로 주목받는 도시 폼페이
⑤ 폼페이의 유물을 보존하기 위한 노력

2 **다음 중 이 글의 내용과 일치하지 않는 것을 고르세요.**

① 폼페이에는 목욕탕과 극장이 있었다.
② 폼페이 사람들은 포럼에서 공공의 문제에 대해 이야기했다.
③ 폼페이의 부유한 사람들은 노예가 있었다.
④ 베수비오 산이 폭발하기 전에 다른 도시로 이주한 사람들이 있었다.
⑤ 폼페이 사람들은 베수비오 산이 화산인 것을 알고 있었다.

3 **Which of the following is NOT mentioned as a sign of the eruption of Mount Vesuvius? Choose all.**

① People heard noise from Mount Vesuvius.
② The animals on the mountain ran away.
③ The stone walls started to break.
④ People felt the ground shake a bit.
⑤ Some fountains stopped working.

4 **Why did some people pray to the mountain? Write in Korean.**

____

century 세기 / **trade** 무역, 교역 / **public** 공공의 / **bathhouse** 목욕탕 / **forum** 포럼, 토론회 / **issue** 쟁점, 사안 / **villa** 저택 / **course** (식사의 개별) 코스 / **sign** 징후, 조짐 / **pray** 기도하다 / **volcano** 화산
선택지 어휘 3 **run away** 도망치다, 달아나다

02 국어 | 표현의 맛

비둘기는 평화의 상징

교육부 지정 중학 필수 어휘 

정답 및 해설 p.11

stuff	명 **물건, 물질** 동 채워 넣다, 채우다
represent	동 1. 대표하다, 대신하다 2. (상징물로) **나타내다, 상징하다**
passion	명 **열정, 전념**
peaceful	형 1. 평화적인, 비폭력적인 2. **평화로운, 평온한**
knight	명 (중세의) **기사**
fortune	명 1. 운, 행운 2. **재산, 부**

아래 해석을 참고하여 다음 각 빈칸에 적절한 단어를 위의 목록에서 골라 쓰세요. (동사의 시제와 명사의 수에 유의)

1 She has ________________ for her work. She always does her best while working.

2 Most ________________ of old England had white horses and wore helmets.

3 No one knows where he got his ________________, but he is the richest man in the city.

4 My teacher uses the color red to ________________ something very important.

5 The children brought some ________________ to make a gift for their teacher.

6 The baby is sleeping right now. He looks so ________________.

해석 1 그녀는 자기 일에 열정을 갖고 있다. 그녀는 일할 때 항상 최선을 다한다. 2 옛날 영국 기사들의 대부분은 하얀 말을 갖고 있었고 투구를 썼다. 3 아무도 그가 어디서 그의 재산을 얻었는지 모르지만, 그는 그 도시에서 가장 부자인 사람이다. 4 우리 선생님은 무언가 매우 중요한 것을 나타내기 위해 빨간색을 사용하신다. 5 아이들은 선생님의 선물을 만들기 위해 여러 가지 물건을 가지고 왔다. 6 그 아기는 지금 자고 있다. 그는 정말 평온해 보인다.

START READING!

우리말로 이해하는 교과서 속 배경지식 정답 및 해설 p.11

새하얀 비둘기를 머릿속에 그려보세요. 함께 떠오르는 단어가 있나요? 어떤 단어인가요? 아마도 '평화'가 가장 먼저 생각날 거예요. 이렇게, '평화'처럼 눈에 보이지 않고 말로 표현하기 어려운 것을 '비둘기'처럼 눈에 보이는 구체적인 것으로 represent한 것을 '상징'이라고 해요. 상징은 우리 일상생활에서도 쉽게 찾아볼 수 있어요. 예를 들면, 거리의 붉은 색의 신호등은 모든 움직이는 것은 멈춰야 한다는 것을 상징하고, **지붕 위에 세워진 십자가는 교회를 의미하곤 하지요.** 이런 상징들은 우리에게 무언가를 지시해주는 역할뿐만 아니라 어떤 이야기를 더 잘 이해할 수 있게 도와주기도 한답니다.

SEE THE NEXT PAGE! »

1 **밑줄 친 represent에 해당하는 우리말을 고르세요.**

① 채우다 ② 평화롭다 ③ 나타내다

2 **굵게 표시한 부분과 일치하도록 아래 단어를 알맞게 배열하여 문장을 완성하세요.**

______________________________________.

(a church / a cross / means / on a roof)

교과서 지식 Bank

중1 국어 - 상징 이해하기

문학 작품 속에는 상징이 많이 쓰이는데요, 상징을 이해하기 위해서는 그것이 사용되는 상황을 고려해야 해요. 예를 들어, 에디슨이 발명에 있어서 탁월한 업적을 이루었다는 사실을 알고 있는 상황이라면 "에디슨이 발명계에서 왕관을 차지했다."라는 문장을 읽었을 때 '왕관'이 '최고의 지위'를 의미한다는 것을 알 수 있어요.

KEEP READING! 영어로 더하는 새로운 지식 한 페이지

In stories, stuff in nature can be symbols of many things. Spring usually means "birth" and a new beginning. The word "day" also represents new life and light. It can be a new beginning for characters or a chance to start over. Light is used for safety. Sometimes, it is described as the power to beat evil.

Colors also have different meanings. Red usually means love, anger, or passion. Green is the color of nature. So, when something is green, you might think it is fresh or healthy. How do you feel when you see a blue sea? You might feel cool and peaceful. But did you know that blue also means depressed? To say that you are depressed, you can say, "I have the blues." The color black can mean something bad. In many stories, black magic is evil magic used by witches, and a black knight is an evil knight.

Places or objects can also be symbols. Some stories describe forests as a place of evil or mystery and deserts as lonely places. In many stories, writers use a skull to describe death and a crown as the symbol of power and fortune.

*skull 두개골, 해골

 독해가 더 쉬워지는 Tip

start over : 다시 시작하다

After she closed her business, she decided to **start over** with a new store.
(사업을 접은 뒤, 그녀는 새로운 상점을 **다시 시작하겠다고** 결심했다.)

1 Which of the following is the best topic of the passage?

① different meanings of the same symbols
② various symbols used in stories
③ the births of different symbols
④ how to be a good story writer
⑤ ways to use symbols in everyday life

2 Which of the following is NOT mentioned in the passage?

① '봄'이라는 말이 상징하는 것
② 빨간색이 상징하는 것
③ 슬픔을 상징하는 색
④ 흑기사들이 주로 사용하는 상징
⑤ 작가들이 죽음을 묘사할 때 사용하는 것

3 What does the underlined "it" in the first paragraph refer to?

____

4 이 글에 쓰인 상징과 그 의미가 올바르게 연결되지 않은 것을 고르세요.

① green - safety
② red - passion
③ black - something bad
④ forest - mystery
⑤ crown - power

5 What does the sentence "I have the blues." mean? Write the answer in Korean.

____.

mean ~을 뜻하다, 의미하다 / **character** 등장인물 / **safety** 안전 / **describe** 말하다, 묘사하다 / **beat** 이기다 / **evil** 악 / **depressed** 우울한 / **the blues** 우울(증) / **witch** 마녀 / **object** 물건, 물체 / **mystery** 수수께끼, 미스터리, 신비 / **desert** 사막 / **crown** 왕관
선택지 어휘 1 various 여러 가지의, 다양한

이색적인 수중 경험

교육부 지정 중학 필수 어휘

정답 및 해설 p.13

sight	명 1. 시력 2. **풍경, 광경**
lounge	명 1. (공항 등의) 라운지 2. (가정집의) **거실**
guest	명 **손님, 하객**
creature	명 **생물, 동물**
amusement	명 **재미, 우스움, 즐거움**
contact	명 1. 연락 2. (무엇에) **닿음, 접촉** 동 (전화 · 편지 등으로) 연락하다

아래 해석을 참고하여 다음 각 빈칸에 적절한 단어를 위의 목록에서 골라 쓰세요. (동사의 시제와 명사의 수에 유의)

1 My parents got my little brother a computer for his ________________.

2 Some children were playing baseball in the street. They broke the ________________ window of our house.

3 We enjoyed the beautiful ________________ of the lake for two hours.

4 ________________ with that plant can be bad for your skin.

5 The ________________ had a great time at the party. They danced, ate, and enjoyed themselves all night long.

6 What is that ________________ on the tree? It looks so strange.

해석 1 부모님께서 남동생에게 즐거움을 위해 컴퓨터를 사 주셨다. 2 몇몇 아이들이 길에서 야구를 하고 있었다. 그들이 우리 집 거실 창문을 깨뜨렸다. 3 우리는 그 호수의 아름다운 풍경을 두 시간 동안 즐겼다. 4 그 식물과의 접촉은 당신의 피부에 안 좋을 수 있다. 5 그 손님들은 파티에서 즐거운 시간을 보냈다. 그들은 밤새 춤추고 먹고 즐겼다. 6 나무에 있는 저 동물은 무엇이니? 그것은 이상해 보인다.

푸른 바닷속에 들어가 신비한 바다 세상을 구경하는 것을 상상해본 적 있나요? 요즘은 우리나라 제주도에서도 잠수함을 타고 쉽게 바닷속을 체험할 수 있고, 몰디브에는 바닷속 레스토랑이 큰 인기를 얻고 있어요. 또한 탄자니아 해안 바로 옆, 인도양에 위치한 만타 리조트(Manta Resort)에서도 색다른 경험을 선사한답니다. 예술가 미카엘 겐버그(Mikael Genberg)가 만든 작은 유리방에 영감을 얻어 만들어진 이곳은 마치 사람들이 수족관 안에 들어가 있고 바다 creature들이 밖에서 구경하는 느낌을 준다고 하네요.

SEE THE NEXT PAGE! »

1 밑줄 친 creature에 해당하는 우리말을 고르세요.

① 손님 ② 생물 ③ 풍경

2 이 글의 내용과 일치하면 T, 그렇지 않으면 F를 쓰세요.

(1) 우리나라 제주도에서도 바닷속을 체험할 수 있다. ______

(2) 만타 리조트는 인도양에 위치해 있다. ______

(3) 리조트의 수족관은 미카엘이라는 사업가에 의해 건설되었다. ______

교과서 지식 Bank

중학 사회1 - 열대 사바나 기후

탄자니아는 열대 사바나 기후 지역에 해당하는데요, 열대 사바나 기후 지역에는 넓은 초원에 나무들이 드문드문 자라요. 이 초원에 수많은 초식 동물과 육식 동물이 살기 때문에 열대 사바나는 '야생 동물의 천국'이라고 불린답니다.

The Underwater Rooms in the Manta Resort are divided into two parts. One is the underwater part, and the other is a two-floor wooden deck above water level. The underwater area is quite a sight. It is surrounded with windows and has a comfortable double bed for watching life under the ocean. The deck above water includes a bathroom and a lounge area. Guests may sleep underwater, or under the night sky. At night, lighting under the windows lights up the room's underwater surroundings and attracts sea creatures for the guests' amusement. Don't be surprised! You might make eye contact with one of them!

The other great thing about Manta's Underwater Rooms is that they are located in an area of ocean called the Blue Hole. Because here the coral reef and the deep ocean are next to each other, guests have the chance to see colorful corals and many kinds of ocean animals at the same time.

*deck (배의) 갑판

**coral reef 산호초

독해가 더 쉬워지는 Tip

quite a[some] + 명사: 대단한, 상당한 ~

It was **quite a show**. Now I understand why this show is so famous.
(그건 **대단한 공연**이었다. 이제 나는 왜 이 공연이 그렇게 유명한지 이해한다.)

It took **quite some time** to fix my car.
(내 차를 수리하는 데 **상당한 시간**이 걸렸다.)

1 Which of the following is the best title of the passage?

① The Wild Animals You Could See at the Manta Resort
② An Underwater Vacation at the Manta Resort
③ The Danger of Traveling Underwater
④ The Festivals at the Manta Resort
⑤ Ways to Get Free Tickets to the Manta Resort

2 Which of the following is NOT true according to the passage?

① 언더워터 룸에는 2층으로 된 나무 갑판이 있다.
② 언더워터 룸의 물속 부분은 창문으로 둘러싸여 있다.
③ 침대 옆에는 욕실과 거실이 있다.
④ 창문 아래의 조명이 바다 생물을 끌어들인다.
⑤ 만타 리조트는 블루 홀에 자리 잡고 있다.

3 밑줄 친 them이 가리키는 것을 본문에서 찾아 쓰세요.

____

4 다음 빈칸 (A)와 (B)에 공통으로 들어갈 단어를 본문에서 찾아 쓰세요.

(1) He lost his ___(A)___ in the accident, and now he can't see.
(2) The autumn leaves on the mountain were a perfect ___(B)___ to take a picture of.

____

5 Find the word in the passage which has the given meaning.

a situation where people or things touch each other

____

underwater 물속의, 수중의 / **divide** 나누다 / **surround** 둘러싸다, 에워싸다 / **include** 포함하다 / **lighting** 조명 / **light up** (빛, 색으로) 환하게 되다[만들다] / **surroundings** 환경, 주위 / **attract** 끌어들이다, 끌어 모으다 / **surprised** 놀란 / **located** ~에 위치한
선택지 어휘 4 **autumn leaves** 단풍

04 역사 I 그리스와 로마 제국의 발전

트로이의 목마

교육부 지정 중학 필수 어휘

정답 및 해설 p.15

destroy	동 **파괴하다, 박멸하다**
whole	형 **전체의, 모든** 명 전체, 완전체
pretend	동 1. **~인 척하다** 2. ~라고 가장[상상]하다
loss	명 1. 손실, 손해 2. **패배, 실패**
drag	동 **끌다, 끌고 가다**
display	동 1. 전시하다 2. 내보이다 명 **전시, 진열** ※ **on display** 전시된

아래 해석을 참고하여 다음 각 빈칸에 적절한 단어를 위의 목록에서 골라 쓰세요. (동사의 시제와 명사의 수에 유의)

1 The little boy ________________ his heavy bag to his home after he finished school.

2 The storm continued for three days and ________________ a lot of houses.

3 The product looked different from the one in the ________________.

4 The ________________ class went to the library. Not a single student missed it.

5 The ________________ of Korea's football team made many people in Korea sad.

6 She ________________ to go to the library, but she really went to a coffee shop.

해석 1 그 어린 소년은 학교가 끝난 후 자신의 무거운 가방을 끌고 집으로 갔다. 2 그 태풍은 3일간 계속되었고 많은 집을 파괴했다. 3 그 상품은 진열 상품과 달라 보였다. 4 학급 전체가 도서관에 갔다. 단 한 명의 학생도 빠지지 않았다. 5 한국 축구팀의 패배는 한국에 있는 많은 사람을 슬프게 만들었다. 6 그녀는 도서관에 가는 척했지만, 사실 커피숍에 갔다.

'트로이의 목마'는 컴퓨터의 악성 코드로 널리 알려져 있죠. 정상적인 프로그램인 줄 알고 실행시키면, 중요한 프로그램을 삭제하는 등 골치 아픈 문제를 일으키는 것으로 악명이 높아요. 그러나 '트로이의 목마'라는 말은 오늘날 터키의 서쪽에 위치했던 고대 도시 트로이(Troy)에서 발생한 사건에서 유래했답니다.

트로이는 단단한 성벽과 거대한 성문으로 둘러싸인 도시였어요. 이 성벽 덕분에 트로이 시민들은 안전하게 보호받을 수 있었고, 적이 침입할 때 성벽 위에서 먼저 공격할 수 있어서 전투에서 유리한 입장을 취할 수 있었답니다. 그런 트로이의 이웃 국가였던 그리스는 주변의 여러 나라들과 힘을 모아 트로이를 여러 차례 공격했지만, 굳건한 트로이의 성벽을 destroy하지 못해서 그들의 시도는 번번이 실패로 끝나고 말았답니다.

SEE THE NEXT PAGE! »

1 **밑줄 친 destroy에 해당하는 우리말을 고르세요.**

① 전시하다 ② 파괴하다 ③ 끌다

2 **굵게 표시한 부분과 일치하도록 아래 단어를 알맞게 배열하여 문장을 완성하세요.**

Troy was a city surrounded by ______________________________
____________________. (castle / huge / a / walls / strong / gate / and)

중학 역사1 - 일리아드와 오디세이

B. C. 8세기 중엽, 시인 호메로스(Homeros)가 「일리아드」와 「오디세이」라는 장편 서사시를 써서 트로이 전쟁에서 활약한 신과 영웅의 웅장한 이야기를 전했어요. 트로이의 목마 이야기는 「오디세이」에 언급되어 있답니다. 이 두 서사시는 그 후의 문학, 교육, 사고에 큰 영향을 주었어요.

The Greeks were eager to take control of Troy. Greek soldiers spent almost ten years trying to destroy Troy's wall. However, the Greeks could not find a way in.

One day, Odysseus, a Greek general, had an idea. He built a huge beautiful wooden horse, and left it outside the gate. Then, the whole Greek army pretended to leave. They said that they had finally admitted their loss. But actually, a number of Greek soldiers were hiding inside the wooden horse.

When the Greek soldiers left, the people of Troy went outside of the wall to celebrate their victory. They found the horse and dragged it inside the city gates to keep it on display.

That night, while the Trojans were sleeping, the men hiding inside the wooden horse climbed out and opened the gates. The waiting Greek army then entered Troy. That was the end of Troy.

*Trojan 트로이 사람

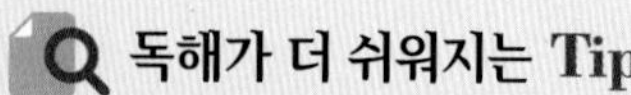

독해가 더 쉬워지는 Tip

a number of : 얼마간의, 다수의

I picked **a number of** books that you might like.
(내가 당신이 좋아할 만한 책 **몇** 권을 골라봤어요.)

She drew **a number of** famous drawings at the age of 9. She is a genius.
(그녀는 9살의 나이에 유명한 그림 **몇** 점을 그렸다. 그녀는 천재다.)

cf. the number of : ~의 수

The number of cat owners is growing fast.
(고양이를 키우는 사람**의 수**가 빠르게 늘고 있다.)

1 Which of the following is the best topic of the passage?

① the symbol of Greece, a wooden horse
② the wooden horse and the end of Troy
③ the Greek army's gift to the king of Troy
④ the relationship between Troy and Greece
⑤ a wooden horse, a beautiful sculpture

2 다음 중 글의 내용과 일치하지 않는 것을 고르세요.

① 그리스 병사들은 트로이를 점령하고 싶어 했다.
② 오디세우스는 그리스의 장군이었다.
③ 오디세우스는 아름다운 목마를 만들었다.
④ 그리스 병사들 중 일부는 패배를 인정하고 떠났다.
⑤ 트로이 사람들은 목마를 성벽 안으로 끌고 들어갔다.

3 다음 중 밑줄 친 display와 쓰임이 같은 것을 고르세요.

(a) I will display the new products as soon as I get them.
(b) The display of flowers in the restaurant made customers happy.

4 목마 안에는 무엇이 숨겨져 있었나요? 본문에서 찾아 쓰세요. (두 단어)

____

5 Find the word in the passage which has the given meaning.

having all the pieces or complete parts

____

Greek 그리스 사람; 그리스의 / **eager** 열렬한, 간절히 바라는 / **soldier** 군인, 병사 / **general** 장군 / **huge** 거대한, 막대한 / **wooden** 나무로 된, 목재의 / **army** 군대 / **actually** 실제로, 사실은 / **hide** 숨다 / **celebrate** 기념하다, 축하하다 / **victory** 승리 / **climb** 오르다, 올라가다
선택지 어휘 1 **sculpture** 조각품

Chapter 03

What to Read	교과 과정 연계
01 킨사이	중학 역사1 ㅣ 지역 세계의 형성과 발전 고등 세계사 – 동아시아 세계의 성립과 발전
02 미국 속의 작은 중국	중학 사회2 ㅣ 문화의 다양성과 세계화 고등 통합사회 – 세계화의 양상과 문제의 해결
03 소설가 김유정	중2 국어 ㅣ 동백꽃 김유정 고등 국어 – 문학의 갈래
04 배고픔도 가짜가 있다?	중2 과학 ㅣ 소화 · 순환 · 호흡 · 배설 고등 생명 과학 – 에너지의 소화 · 호흡 · 순환 · 배설의 관계

역사 01 킨사이

사회 02 미국 속의 작은 중국

국어 03 소설가 김유정

과학 04 배고픔도 가짜가 있다?

What to Learn	독해가 더 쉬워지는 Tip
「동방견문록」으로 잘 알려진 마르코 폴로가 가장 좋아했던 도시에 대해 자세히 알아봅시다.	at that time
세계 곳곳의 차이나타운 중 규모가 가장 큰 차이나타운은 어디에 있을까요?	not only that
「봄봄」, 「동백꽃」으로 잘 알려진 소설가 김유정이 살던 곳, 실레는 지금 어떻게 변했을까요?	name after
우리가 느끼는 배고픔이 진짜인지 가짜인지 어떻게 구분할까요?	on the other hand in order to + 동사원형

01

역사 | 지역 세계의 형성과 발전

킨사이

교육부 지정 중학 필수 어휘 

정답 및 해설 p.18

article	명 **글, 기사**
float	동 1. (물에) **뜨다** 2. (물이나 공중에서) 떠가다, 떠돌다
overseas	형 **해외의, 외국의** 부 해외에, 외국으로
trade	명 **거래, 무역** 동 거래하다, 무역하다
especially	부 **특히, 특별히**
silk	명 **비단, 실크**

아래 해석을 참고하여 다음 각 빈칸에 적절한 단어를 위의 목록에서 골라 쓰세요. (동사의 시제와 명사의 수에 유의)

1 My father does ________________ with Chinese companies. He sells them clothes and buys candies from them.

2 A large number of ________________ visitors come to Korea. A report says that last year, about 9 million tourists visited.

3 This beautiful dress is made from ________________.

4 I am ________________ interested in math. I want to be a math teacher.

5 The box will ________________ on water because it is made of wood.

6 She wrote an ________________ about the company's new phone in the newspaper.

해석 1 나의 아버지는 중국 회사와 무역을 하신다. 그는 그들에게 옷을 팔고 사탕을 사신다. 2 많은 해외의 방문객들이 한국에 온다. 한 보도는 작년에 대략 900만 명의 관광객이 한국을 방문했다고 말한다. 3 이 아름다운 드레스는 비단으로 만들어졌다. 4 나는 특히 수학에 흥미 있다. 나는 수학 선생님이 되고 싶다. 5 그 상자는 나무로 만들어졌기 때문에 물에 뜰 것이다. 6 그녀는 그 회사의 새로운 전화기에 대한 글을 신문에 썼다.

쿠빌라이 칸(Khubilai Khan)은 칭기즈 칸의 손자로, 몽골제국의 다섯 번째 칸이었어요. 그가 몽골을 통치하던 시절, 그 제국은 매우 컸고 도시도 아주 많았어요. 제국이 얼마나 컸던지 **쿠빌라이는 자기를 대신해 도시들을 감시할 다른 사람이 필요했어요.** 그래서 그는 이탈리아 베니스(Venice) 출신의 마르코 폴로(Marco Polo)를 대사로 임명하고 여러 도시로 보냈어요. 마르코 폴로는 안전한 통행을 보장해주는 칸의 표식이 담긴 황금판, 즉 패자를 가지고 있어서 그 당시 몽골 제국에 있는 어느 도시든 자유롭게 이동할 수 있었답니다. 그 후로 17년 동안 마르코 폴로는 쿠빌라이의 눈과 귀가 되어 자신이 방문한 장소들과 사람들에 대한 article을 썼어요.

SEE THE NEXT PAGE! »

1 밑줄 친 article에 해당하는 우리말을 쓰세요.

____

2 굵게 표시한 부분과 일치하도록 아래 단어를 알맞게 배열하여 문장을 완성하세요.

Kublai Khan needed someone else ______________________
______________ instead of him. (cities / keep an eye on / the / to)

*keep an eye on ~을 계속 지켜보다, 감시하다

교과서 지식 Bank

중학 역사1 - 몽골 제국

몽골 제국은 1206년 칭기즈 칸이 몽골 족을 통일하고 세운 나라예요. 영토가 넓은 만큼 민족과 종교, 문화가 다양했고, 대외 교류가 활발해 유럽인이나 이슬람 상인들이 방문하기도 했답니다. 마르코 폴로도 이때 발달한 중국의 문화를 보고 감탄했다고 해요.

While traveling for Kublai Khan, Kinsai became one of Marco Polo's favorite cities. ⓐ It is now a modern city called Hangzhou. Marco Polo often visited this city and wrote many articles about ⓑ it. It was a huge city floating on the water like Venice. ⓒ It reminded him of his home and family. There were many bridges, and some of them were very high. Many ships from overseas countries could go under the bridges and easily come into the city for trade.

Marco was especially interested in Kinsai because of ⓓ its special groups of workers and bathhouses. There were about twelve groups of special workers. Each group had to make things necessary for life, such as silk cloth or goods from silver or gold. The people in Kinsai bathed three times a month. They washed with very cold water. But they gave warm water to visitors. ⓔ It was very interesting for Marco because they bathed more often than European people at that time.

독해가 더 쉬워지는 Tip

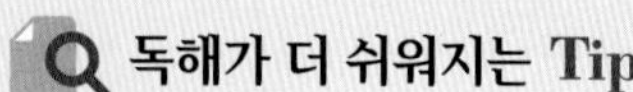

at that time : 그때, 그 당시에

I was too young to understand the story **at that time**.
(**그때** 난 그 이야기를 이해하기에 너무 어렸다.)

My friend got married last winter. I was in Japan **at that time**.
(내 친구는 지난겨울에 결혼했다. 나는 **그 당시에** 일본에 있었다.)

1 Which of the following is the best title of the passage?

① Marco Polo's Travel to a New Land
② Marco Polo's Letter to Khan
③ Marco Polo's Relationship with Foreign People
④ Marco Polo's Most Loved City in the Empire
⑤ Marco Polo's Favorite Bathhouse in the City

2 Which of the following is NOT true according to the passage?

① 마르코 폴로가 가장 좋아한 도시는 지금의 항저우다.
② 킨사이는 베니스처럼 물 위에 떠있는 도시였다.
③ 킨사이에는 대략 열두 개의 노동자 그룹이 있었다.
④ 각 노동자 그룹은 생활에 필요한 물건을 만들어야 했다.
⑤ 킨사이 사람들은 한 달에 세 번 따뜻한 물로 목욕했다.

3 Which of the following is different among the underlined ⓐ ~ ⓔ?

① ⓐ ② ⓑ ③ ⓒ ④ ⓓ ⑤ ⓔ

4 Find the word in the passage which has the given meaning.

to buy, sell, and exchange products or services

____

5 마르코 폴로가 킨사이 사람들에 대해 흥미롭다고 생각한 이유를 우리말로 쓰세요.

____

modern 근대의, 현대의 / **huge** 거대한 / **remind A of B** A에게 B를 생각나게 하다, 상기시키다 / **bathhouse** 목욕탕 / **necessary** 필요한 / **cloth** 천, 옷감 / **goods** 물건, 상품 / **bathe** 목욕하다 / **at that time** 그때, 그 당시에
선택지 어휘 1 **relationship** 관계

미국 속의 작은 중국

교육부 지정 중학 필수 어휘

정답 및 해설 p.19

located	형 **~에 위치한**
migrate	동 **이동하다, 이주하다**
allow	동 **허락하다, ~하게 두다**
language	명 (한 나라 · 한 민족 등의) **언어, 말**
include	동 1. **포함하다, 포괄하다** 2. 포함시키다
suit	명 정장, 옷 (한 벌) 동 1. **~에 알맞다, 적당하다** 2. ~에 어울리다

아래 해석을 참고하여 다음 각 빈칸에 적절한 단어를 위의 목록에서 골라 쓰세요. (동사의 시제와 명사의 수에 유의)

1 This program ________________ free yoga classes and massages.

2 My mother ________________ me to go to Japan this summer. I am very happy.

3 The winter birds ________________ in the winter from Alaska to Korea.

4 The English class ________________ me. I had fun and learned a lot while taking it.

5 My house is ________________ near the bus station. It takes three minutes by walking.

6 He speaks three different ________________, Korean, English, and Chinese.

해석 1 이 프로그램은 무료 요가 수업과 마사지를 포함합니다. 2 나의 어머니는 내가 이번 여름에 일본에 가는 것을 허락해 주셨다. 나는 무척 행복하다. 3 그 겨울새들은 겨울에 알래스카에서 한국으로 이동한다. 4 그 영어 수업은 내게 맞았다. 나는 그 수업을 듣는 동안 재미있었고 많이 배웠다. 5 내 집은 버스 정류장과 가까운 곳에 위치해 있다. 버스 정류장까지 걸어서 3분 걸린다. 6 그는 한국어, 영어, 그리고 중국어인 3개 언어를 한다.

중국은 세계에서 인구가 가장 많고, 면적도 네 번째로 넓은 나라죠. 그렇다 보니 중국에서 다른 나라로 이주해서 사는 사람들도 무척 많아요. 우리나라의 인천에도 차이나타운(Chinatown)이 있는데요, 1883년 인천항이 개항된 후 중국인들이 migrate해 와서 살면서 중국의 독특한 문화가 형성된 곳이지요. 붉은색 간판과 붉은 등불이 걸려 있고, 상점에서 파는 물건들과 음식점의 메뉴도 거의 중국 것이어서 중국의 느낌을 한껏 느낄 수 있답니다. 우리나라 말고도 **세계 곳곳에는 차이나타운이 형성되어 있어요.** 그 많은 차이나타운 중에서 규모가 가장 큰 곳에 대해서 더 자세히 알아볼까요?

SEE THE NEXT PAGE! »

1 밑줄 친 migrate에 해당하는 우리말을 고르세요.

① 허락하다 ② 포함하다 ③ 이주하다

2 굵게 표시한 부분과 일치하도록 아래 단어를 알맞게 배열하여 문장을 완성하세요.

Chinatowns ______________________ around the world. (in / places / formed / many)

교과서 지식 Bank

중학 사회2 - 서울 속의 세계

세계화는 사람들에게 더 많은 문화적 경험을 제공해주는 계기가 되고 있어요. 최근 서울에도 세계 각국의 외국인들이 들어와 자연스럽게 모여 살면서 다양한 외국인 마을과 거리가 생겨나고 있어요. 연남동의 차이나타운, 반포동의 프랑스인 서래마을, 창신동 네팔인 거리 등이 그 예입니다. 이러한 외국인 마을과 거리는 이국적인 풍경 때문에 관광 명소가 되기도 해요.

KEEP READING! 영어로 더하는 새로운 지식 한 페이지

The largest and the oldest Chinatown is located in San Francisco, California. In the 1850s, the first Chinese people migrated to San Francisco. The American government allowed them to buy land in a special area. As more Chinese came to the United States, it became Chinatown. People who are living in Chinatown continue to have their own lifestyles, languages, and social clubs. It is also a popular tourist site. More people visit Chinatown than the Golden Gate Bridge.

As Chinatown got larger and more popular, Chinese-American leaders wanted to have their own celebration to remember their backgrounds. So in the 1950s, they started the "San Francisco Chinese New Year Festival and Parade." This festival includes art shows, street dancing, martial arts, and fashion shows. Not only that, but there are many kinds of American-Chinese food to eat. If you want to experience the taste of China outside of Asia, Chinatown in San Francisco will suit you well.

*the Golden Gate Bridge 골든 게이트 브리지, 금문교

**martial art 무술, 무예

독해가 더 쉬워지는 Tip

not only that : 그뿐만 아니라

He is good at math. **Not only that**, he is good at science and arts.
(그는 수학을 잘한다. **그뿐만 아니라**, 그는 과학과 미술도 잘한다.)

정답 및 해설 p.19

1 Which of the following is the best topic of the passage?

① the reason why many Chinese moved to San Francisco
② the cultural difference between China and the U.S.
③ the development of Chinatown in San Francisco
④ the dangers that Chinese-Americans face in their daily lives
⑤ the recipes for popular American-Chinese food

2 다음 중 이 글의 내용과 일치하지 않는 것을 고르세요.

① 1850년대에 첫 중국인들이 샌프란시스코로 이주했다.
② 차이나타운에 사는 중국인들은 그들만의 모임을 갖는다.
③ 골든 게이트 브리지가 차이나타운보다 더 인기 있는 관광지이다.
④ 1950년대에 차이나타운의 기념행사가 시작됐다.
⑤ 차이나타운에서는 중국 음식을 맛볼 수 있다.

3 What can we enjoy at the "San Francisco Chinese New Year Festival and Parade?"

① 아이들을 위한 쿵푸 교실
② 거리 무용 공연
③ 음식 빨리 먹기 대회
④ 전통 중국 예절 교육
⑤ 중국 연예인의 팬 사인회

4 다음 빈칸 (A)와 (B)에 공통으로 들어갈 단어를 본문에서 찾아 쓰세요.

(1) I bought a new ___(A)___ for my job interview.
(2) I am a morning person. So, exercising early in the morning will ___(B)___ me better than in the evening.

____

San Francisco 샌프란시스코 / **government** 정부, 정권 / **continue** 계속되다, 이어지다 / **lifestyle** 생활 방식 / **social** 사회의, 사교적인 / **site** 위치, 장소 / **Chinese-American** 중국계 미국인 / **celebration** 기념[축하]행사, 기념식 / **background** 배경 / **not only that** 그뿐만 아니라 / **experience** 경험하다 / **taste** (어떤 것을 짧게 접하는) 경험, 맛보기
선택지 어휘 1 **development** 발달, 성장 / **recipe** 조리법

국어 | 동백꽃 김유정
소설가 김유정

교육부 지정 중학 필수 어휘

정답 및 해설 p.21

found	동 **설립하다, 기초를 세우다**
neighbor	명 **이웃, 이웃사람**
reflect	동 1. 반사하다, 비치다 2. **반영하다, 나타내다**
regular	형 1. 규칙적인, 정기적인 2. **일반적인, 평범한**
literature	명 1. **문학 (작품), 문예** 2. 조사[연구] 보고서, 논문
participate	동 **참가하다, 참여하다**

아래 해석을 참고하여 다음 각 빈칸에 적절한 단어를 위의 목록에서 골라 쓰세요. (동사의 시제와 명사의 수에 유의)

1 Last night's news report ________________ many people's opinion.

2 When I was in middle school, I ________________ in the school orchestra.

3 He is one of the greatest authors in American ________________.

4 My teacher's dream is to ________________ a school in Africa. He wants to teach children English there.

5 He is not just a ________________ boy. He is a very talented pianist.

6 My new ________________ is very friendly. When she bakes cookies, she always invites my mom to her house to have some coffee with her.

해석 1 어젯밤의 뉴스 보도는 많은 사람의 의견을 반영했다. 2 내가 중학교에 다닐 때, 나는 교내 오케스트라에 참여했다. 3 그는 미국 문학에서 위대한 작가들 중 하나이다. 4 우리 선생님의 꿈은 아프리카에 학교를 설립하는 것이다. 선생님은 그곳에서 영어를 가르치고 싶어 하신다. 5 그는 단순히 평범한 소년이 아니다. 그는 매우 재능이 있는 피아니스트이다. 6 우리 새로운 이웃은 정말 친절하시다. 그녀가 쿠키를 구울 때, 항상 커피를 마시자고 우리 엄마를 초대하신다.

 정답 및 해설 p.21

강원도 춘천에는 '김유정역'이라는 기차역이 있어요. 바로 「봄봄」, 「동백꽃」 등의 작품으로 우리에게 잘 알려진 김유정 작가의 이름을 딴 역인데요, 사람의 이름을 따서 역 이름을 지은 건 이곳이 우리나라에서 최초라고 하니 좀 더 근사하게 느껴지네요. 1908년 춘천 실레마을에서 태어난 그는 해학이 반영된 농촌 literature을 남겼는데, 당시 농민들의 생활 모습과 고통을 잘 드러냈다는 평가를 받고 있어요. 폐결핵으로 29세라는 젊은 나이에 숨을 거두었지만, 소설만 무려 30편을 썼고, 수필 12편, 번역소설 2편 등을 남겨 다작(多作) 작가로 인정받고 있어요.

SEE THE NEXT PAGE! »

1 **밑줄 친 literature에 해당하는 우리말을 고르세요.**

① 일상 ② 추억 ③ 문학 작품

2 **이 글의 내용과 일치하면 T, 그렇지 않으면 F를 쓰세요.**

(1) 김유정역은 사람의 이름을 딴 최초의 기차역이다. ______
(2) 김유정 작가는 많은 농촌 문학을 남겼다. ______
(3) 김유정 작가는 20년 이상 작가 생활을 했다. ______

교과서 지식 Bank

중2 국어 - 동백꽃

소설가 김유정의 「동백꽃」이라는 작품은 농촌의 순박한 처녀 총각이 사랑에 눈떠가는 과정을 해학적으로 그린 소설로, 동백꽃이 활짝 핀 농촌 마을을 순수하고 아름답게 그린 작품이랍니다.

KEEP READING! 영어로 더하는 새로운 지식 한 페이지

Kim Yu-jeong was a writer who represented the small town of Sile, Chuncheon. He was born in Sile and moved to Seoul when he was young. However, he never forgot his hometown, Sile. In his twenties, he moved back to Sile and founded a night school for his neighbors. He taught Hangeul therc. He even reflected the lives of people in Sile in his stories. The settings of his novels, such as "Spring Spring"(Bom Bom) and "The Camellias" (Dongbaekkot), were Sile. He liked to write about the lives of regular people in the countryside.

Now, in Sile, there is the Kim Yu-jeong Literature Village. It was developed in 2002 in memory of him. In the village, you can visit and look around Kim Yu-jeong's birthplace and various museums. It tells us about Kim Yu-jeong and his works. There is Kim Yu-jeong Station near the village as well. It was the first train station which was named after a person in Korea. If you visit Sile in March or May, you can also participate in a Kim Yu-jeong festival.

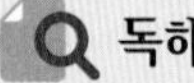

독해가 더 쉬워지는 Tip

name after : ~의 이름을 따서 이름 짓다

She was a big fan of baseball. She **named** her baby **after** a famous baseball player.
(그녀는 엄청난 야구팬이었다. 그녀는 유명한 야구 선수**의 이름을 따서** 자신의 아기 **이름을 지었다**.)

You **are named after** your grandfather. He is Alex, and you are Alex, Junior.
(너는 네 할아버지**의 이름을 따서 이름 지어졌어**. 그분은 알렉스이고, 너는 알렉스 주니어야.)

1 Which of the following is the best title of the passage?

① The School Kim Yu-jeong Built for His Villagers
② The Prize That Kim Yu-jeong Got in 2002
③ Kim Yu-jeong's Best-Selling Books
④ The Writer Kim Yu-jeong and His Hometown, Sile
⑤ Various Foods and Tourist Sites in Sile

2 다음 중 이 글의 내용과 일치하지 않는 것을 고르세요.

① 김유정 작가는 어린 나이에 서울로 이사 갔다.
② 김유정 작가는 실레로 돌아가서 야간 학교를 열었다.
③ 김유정 작가는 실레의 부유층에 관한 글을 지었다.
④ 실레에는 김유정 역과 김유정 작가에 대한 박물관이 있다.
⑤ 3월이나 5월에 실레에서는 김유정 작가 축제가 열린다.

3 Which of the following has the same meaning as "reflected" in the paragraph?

(a) His image reflected on the surface of the lake.
(b) This decision reflected his character clearly.

4 다음 빈칸 (A)와 (B)에 공통으로 들어갈 단어를 본문에서 찾아 쓰세요.

(1) ___(A)___ exercise is important for our health.
(2) He is just a ___(B)___ man who goes to work and loves his family.

____

represent 대표하다, 대신하다 / **hometown** 고향 / **night school** 야간 학교 / **setting** 배경 / **novel** 소설 / **countryside** 시골 지역 / **village** 마을 / **develop** 개발하다, 조성하다 / **in memory of** ~을 기념[추모]하여 / **birthplace** 생가, 출생지 / **various** 여러 가지의, 다양한 / **station** 역, 정거장 / **name after** ~의 이름을 따서 이름 짓다
선택지 어휘 1 villager 마을 사람 / **best-selling** 가장 많이 팔리는 / **tourist site** 관광지 **3 surface** 표면, 수면 / **decision** 결정, 판단 / **clearly** 또렷하게, 분명히

배고픔도 가짜가 있다?

교육부 지정 중학 필수 어휘

정답 및 해설 p.23

hunger	명 1. 굶주림, 기아 2. **배고픔** 3. (~에 대한) 갈구[갈망]
meal	명 **식사, 끼니**
satisfied	형 **만족하는, 흡족해하는**
fake	형 **가짜의, 거짓된** 동 1. 위조하다 2. 꾸미다, ~인 척하다
research	명 **연구, 조사** 동 연구하다, 조사하다
tired	형 1. **피로한, 피곤한, 지친** 2. 싫증난 3. (어떤 것이) 지겨운

아래 해석을 참고하여 다음 각 빈칸에 적절한 단어를 위의 목록에서 골라 쓰세요. (동사의 시제와 명사의 수에 유의)

1 Some information on the Internet is ________________. We should not trust everything.

2 I felt ________________ after I ate the sweet cake that I wanted to eat.

3 Eating ________________ three times a day is good for your health.

4 She said she couldn't sleep last night. She must be ________________ today.

5 I need to eat something right now. I can't stand the ________________ anymore.

6 He loves dogs. He wants to continue his ________________ on dogs for the rest of his life.

해석 1 인터넷에 있는 어떤 정보는 거짓된 것이다. 우리는 모든 것을 믿지는 말아야 한다. 2 나는 먹고 싶었던 달콤한 케이크를 먹은 뒤 흡족해했다. 3 하루에 세 번의 식사를 하는 것은 건강에 좋다. 4 그녀는 어제 잠을 잘 수 없었다고 했어. 그녀는 오늘 틀림없이 피곤할 거야. 5 나는 지금 무언가 먹어야겠어. 난 배고픔을 더는 참을 수가 없어. 6 그는 개를 사랑한다. 그는 평생 개에 관한 연구를 계속하고 싶어 한다.

 정답 및 해설 p.23

meal을 한 지 얼마 안 되었는데 배가 고프다고 느낀 적 있나요? 그걸 '가짜 배고픔'이라고 하는데요, 진짜 배고픔은 혈당이 떨어지고 에너지로 사용될 영양분이 부족할 때 느껴지지만, 가짜 배고픔은 식욕을 조절하는 호르몬 불균형 때문에 생기는 것이지요. 우리가 우울한 감정을 느낄 때 '행복 호르몬'이라 불리는 세로토닌의 수치가 떨어지고, 우리 몸은 세로토닌 분비량을 늘리기 위해 뇌에 배고프다는 신호를 보내게 돼요. 이런 가짜 배고픔에 속아서 음식을 먹게 되면 배부르다는 만족감보다는 괜히 먹었다는 후회를 하게 되는 경우가 많아요.

SEE THE NEXT PAGE! »

1 **밑줄 친 meal에 해당하는 우리말을 쓰세요.**

____

2 **이 글의 내용과 일치하면 T, 그렇지 않으면 F를 쓰세요.**

(1) 진짜 배고픔은 에너지로 사용될 영양분이 부족할 때 느껴진다. ______

(2) 세로토닌은 '행복 호르몬'이라고 불린다. ______

(3) 세로토닌 수치가 떨어지면 우리 몸은 위에 배고프다는 신호를 보낸다. ______

교과서 지식 Bank

중2 과학 - 꼬르륵 소리

식사를 걸렀을 때 배에서 '꼬르륵' 소리가 나는 걸 경험해본 적 있을 거예요. 위에서 소화된 음식물이 십이지장으로 넘어가는 것을 날문 반사라고 하는데, 위가 비어 있을 때 날문 반사가 일어나면 위 속에 있던 공기가 십이지장으로 들어가면서 꼬르륵 소리를 내게 되는 거랍니다.

KEEP READING! 영어로 더하는 새로운 지식 한 페이지

If hunger is real, you will get hungrier as time passes. You will feel like you want to have a meal, and your stomach will start to make noises. After you have a meal, you will feel happy and satisfied. On the other hand, if you had your last meal less than three hours ago and suddenly feel hungry, the hunger is fake. Your hunger will get worse if you are under stress. You will want a particular food, such as chocolate. And you'll still feel empty even after eating it. According to research, the times you easily experience fake hunger are 11:01 a.m., 3:13 p.m., and 9:31 p.m. This is because we feel tired and stressed the most at these times.

In order to overcome fake hunger, drink a cup of water. If you still feel hungry 20 minutes after drinking water, it might be real hunger. When you can't take care of your fake hunger, eat some fruit. Finally, if you are feeling fake hunger, the best thing is to find out the reason for your stress and get some exercise.

독해가 더 쉬워지는 Tip

on the other hand : 다른 한편으로는, 반면에

There are animals that eat only plants. **On the other hand**, some animals eat other smaller animals.
(어떤 동물들은 식물만 먹는다. **반면에**, 어떤 동물들은 다른 더 작은 동물들을 먹는다.)

in order to + 동사원형 : ~하기 위해서, ~ 하려고

In order to see the movie star, the fans waited in line for five hours.
(그 영화배우를 **보기 위해서**, 팬들은 다섯 시간 동안 줄 서 있었다.)

In order to go to America, I am learning English.
(미국에 **가려고**, 나는 영어를 배우고 있다.)

1 **Which of the following is the best topic of the passage?**

① how to make a healthy meal plan
② what makes your stomach sound noisy
③ what fake hunger is and how to fight it
④ how to make yourself feel full for longer
⑤ what stress from hunger is and how to manage it

2 **다음 중 이 글의 내용과 일치하지 않는 것을 고르세요.**

① 식사 후 세 시간 이내에 느끼는 배고픔은 가짜 배고픔이다.
② 배고픔은 스트레스와 관계가 있다.
③ 가짜 배고픔은 특정 음식을 원하게 만든다.
④ 가짜 배고픔은 초콜릿을 먹은 후에 더 심해진다.
⑤ 가짜 배고픔을 더 쉽게 경험하는 시간대가 있다.

3 **Which of the following is the best solution if we feel fake hunger?**

① 스트레스의 원인을 찾고 운동을 한다.
② 틈틈이 당분이 높은 간식을 먹는다.
③ 다음 식사 시간까지 참도록 한다.
④ 식사량을 늘리고 골고루 먹는다.
⑤ 잠시 숙면을 하는 등 휴식을 취한다.

4 **Which of the following has the same meaning as "hunger" in the paragraph?**

(a) I think that chocolate bar will be enough to deal with my hunger for now.
(b) The basketball player mentioned that the hunger for winning was the key to success.

5 **다음 빈칸 (A)와 (B)에 공통으로 들어갈 단어를 본문에서 찾아 쓰세요.**

(1) He is poor, but he plans to ___(A)___ being rich.
(2) The celebrity wore ___(B)___ fur instead of a real one, and everyone praised her.

____

stomach 위, 배 / **on the other hand** 다른 한편으로는, 반면에 / **suddenly** 갑자기 / **get worse** 악화되다, 점점 나빠지다 / **particular** 특정한 / **empty** 공복의, 배고픈 / **according to** ~에 따르면 / **experience** 경험하다 / **in order to** ~하기 위해서, ~하려고 / **overcome** 극복하다 / **reason** 이유, 까닭
선택지 어휘 1 manage 관리하다 **5 celebrity** 유명 인사

Chapter 04

What to Read	교과 과정 연계
01 3D 프린터	중3 과학 I 과학의 발달과 생활 고등 과학 - 첨단 과학과 질병 치료
02 종이를 발명한 채륜	중학 역사1 I 진 · 한 통일 제국의 성립 고등 세계사 - 진 · 한 제국과 고대 동아시아 세계
03 피라미드의 숨겨진 각도	중1 수학 I 도형의 기초 고등 수학1 - 도형의 방정식
04 외국 여행 전 알아야 할 법	중학 사회2 I 일상생활과 법 고등 법과 정치 - 우리나라 헌법의 기초 이해

과학 01 3D 프린터

역사 02 종이를 발명한 채륜

수학 03 피라미드의 숨겨진 각도

사회 04 외국 여행 전 알아야 할 법

What to Learn	독해가 더 쉬워지는 Tip
3차원의 물건을 찍어 내는 3D프린터의 원리에 대해 알아볼까요?	think back to A
우리가 현재 사용하고 있는 종이가 어떻게 발명되었는지 알아봐요.	work on name A(목적어) B(목적격보어)
세계 7대 불가사의 중 하나인 피라미드 건축물에 숨겨진 비밀은 무엇일까요?	in other words
외국으로 여행을 가기 전 그 나라에만 있는 법에 대해 자세히 알아봐요.	and so on

3D 프린터

교육부 지정 중학 필수 어휘

정답 및 해설 p.26

quite	부 1. **꽤, 상당히** 2. 지극히, 아주
imagine	동 **상상하다**, (마음으로) **그리다**
limit	명 1. **한계, 한도** 2. 제한 동 제한하다
organization	명 **조직, 단체**
recently	부 **최근에**
aim	명 목적, 목표 동 1. **~을 목표로 하다** 2. 겨냥하다

아래 해석을 참고하여 다음 각 빈칸에 적절한 단어를 위의 목록에서 골라 쓰세요. (동사의 시제와 명사의 수에 유의)

1 Last year, he ________________ to get a perfect score on the math test, and he did it!

2 When I don't want to study, I ________________ myself getting into my dream school.

3 This ________________ is a group that helps animals.

4 This is my ________________. I can't run any longer.

5 Actually, his class was ________________ interesting. You should take his class, too.

6 ________________, I often get tired. I think I need to go see a doctor.

해석 1 작년에 그는 수학 시험에서 만점을 받는 것을 목표로 했고 이루었다! 2 나는 공부하기 싫을 때, 내가 원하는 학교에 들어가는 것을 상상한다. 3 이 단체는 동물을 도와주는 모임이다. 4 이게 나의 한계다. 나는 더 이상 달릴 수가 없다. 5 사실, 그의 수업은 꽤 흥미로웠어. 너도 그의 수업을 들어야 해. 6 최근에, 나는 자주 피곤함을 느낀다. 진료를 받으러 가야겠다.

프린터를 생각할 때, 보통 글자나 사진이 하얀 종이 위에 찍혀 나오는 것을 생각할 거예요. 하지만 프린터 중에는 입체적인 모양을 만들어내는 것도 있어요. 이런 기술을 바로 3D 프린팅이라고 한답니다. 3D의 D가 차원(dimension)을 의미하는데요, 그러니까 3D는 3차원, 즉 입체라는 뜻이지요. 어떻게 그럴 수 있냐고요? 우리가 보통 생각하는 프린터는 종이에 잉크를 찍어 내는 2차원의 방식인데요, 3D 프린터는 컴퓨터에 입력된 설계도에 따라 종이, 플라스틱 등을 원료로 해서 3차원의 물체를 찍어 내는 거예요. 액체나 가루 상태의 프린팅 원료를 평면에 굳히고, 그 위에 또 원료를 굳히는 방식을 반복하여 여러 겹들을 층층이 쌓아올리는 방식으로요. 정말 놀랍죠?

SEE THE NEXT PAGE! »

1 굵게 표시한 부분과 일치하도록 아래 어구를 알맞게 배열하여 문장을 완성하세요.

When you think of a printer, usually ______________________ ______________________ printed on a piece of white paper. (letters / think of / you / or / pictures)

2 이 글의 내용과 일치하면 T, 그렇지 않으면 F를 쓰세요.

(1) 입체적인 모양을 만들 수 있는 프린터가 있다. ________

(2) 3D의 D는 dimension의 의미로 '차원'을 나타낸다. ________

(3) 3D 프린터는 퍼즐 조각처럼 원료를 맞추는 방식으로 물체를 만든다. ________

교과서 지식 Bank

중3 과학 - 과학과 기술의 관계

과학은 자연 현상의 원리나 법칙을 연구하고 밝히는 것을 말하고, 기술은 편리함을 추구하기 위한 도구나 수단을 제공하는 것을 말해요. 과학은 기술을 통해 인간의 생산 활동에 많은 기여를 했는데, 최근에는 과학과 기술을 구분하는 것이 별 의미가 없을 정도로 과학과 기술이 서로 융합되어 있는 경우가 많고, 그래서 이 둘을 합쳐 과학 기술이라고 부르기도 해요.

Thanks to 3D printing technology, you can not only see the shape of but also feel and touch a printed object. Do you want to know how it works? It is quite easy to understand. Think back to when you played with Play-doh as a kid. Let's say you want to make a house. You start with the bottom layer. You then add on a layer at a time until a house is created. It's pretty similar to that. 3D printers create things by adding layers.

Imagine having a 3D printer at home or school. You could make lots of things, such as toys or dishes, or even 3D models to help your school projects! You'll find that your only limit is your imagination. 3D printing is used in many big organizations today. Recently, NASA designed a part of its rocket engine with this technology. Some big auto companies are using it to make new models of cars. Some doctors are even aiming to create body parts with 3D printing!

*Play-doh 점토

독해가 더 쉬워지는 Tip

think back to : ~을 회상하다, ~을 돌이켜 생각하다[보다]

Think back to the time when we were kids.
(우리가 아이였을 때를 **회상해 보자**.)

Think back to three years ago. What were you doing then?
(3년 전을 **회상해 봐**. 그때 넌 무엇을 하고 있었니?)

정답 및 해설 p.26

1 **Which of the following is the best topic of the passage?**

① how to develop a new technology these days
② how to make body parts with technology
③ a new technology called 3D printing
④ the difference between 3D printing and 2D printing
⑤ the history of science and technology

2 **다음 중 이 글의 내용과 일치하지 않는 것을 고르세요.**

① 3D 프린터는 층을 더함으로써 물건을 만든다.
② 3D 프린터로 많은 것을 만들 수 있다.
③ 많은 조직에서 3D 프린팅 기술을 사용하고 있다.
④ 최근 NASA에서 3D 프린터로 로봇 몸체를 설계했다.
⑤ 의사들은 3D 프린터로 사람의 신체 부위를 만들려고 한다.

3 **다음 빈칸 (A)와 (B)에 공통으로 들어갈 단어를 본문에서 찾아 쓰세요.**

(1) Most hospitals ____(A)____ the number of visitors a patient can have.
(2) The marathon tested the ____(B)____ of her ability.

____

4 **이 글의 밑줄 친 문장의 의미로 적절한 것을 고르세요.**

(a) You need to develop your imagination.
(b) You can make anything you imagine with a 3D printer.
(c) You are full of imagination.

5 **Find the word in the passage which has the given meaning.**

to produce a picture of something or someone in your mind

____

thanks to ~ 덕분에 / **technology** 기술 / **object** 물건, 물체 / **work** 작동하다 / **let's say** 가령, 이를테면 / **bottom** 바닥 / **layer** 층, 겹 / **at a time** 한 번에 / **create** 만들다, 창조하다 / **pretty** 꽤, 상당히 / **similar** 비슷한 / **model** 모형, 견본 / **project** 프로젝트, 과제 / **imagination** 상상력, 상상 / **design** 설계하다 / **auto** 자동차
선택지 어휘 1 **develop** 개발하다, 발달하다 3 **patient** 환자

02 종이를 발명한 채륜

교육부 지정 중학 필수 어휘

정답 및 해설 p.28

modern	형 **근대의, 현대의**
fabric	명 **직물, 천**
bark	명 1. **나무껍질** 2. (개 등이) 짖는 소리 동 (개가) 짖다
net	명 **그물**
soak	동 (액체 속에) **적시다, 담그다**
succeed	동 **성공하다**

아래 해석을 참고하여 다음 각 빈칸에 적절한 단어를 위의 목록에서 골라 쓰세요. (동사의 시제와 명사의 수에 유의)

1 ______________ society is very different from traditional ones.

2 This tree is very special. The ______________ is white and black.

3 People didn't think the new bakery would ______________.

4 When you feel tired, ______________ your body in warm water. It will make you feel better.

5 Some fishermen use a large ______________ to catch fish.

6 I will use this ______________ to make a dress.

해석 1 현대 사회는 전통 사회와 매우 다르다. 2 이 나무는 매우 특별하다. 그 나무껍질은 하얗고 까맣다. 3 사람들은 새로 문을 연 그 빵집이 성공할 것이라고 생각하지 않았다. 4 네가 피곤할 때 따뜻한 물에 너의 몸을 담가라. 그것은 네 기분을 더 나아지게 할 것이다. 5 어떤 어부들은 물고기를 잡기 위해 커다란 그물을 사용한다. 6 나는 드레스를 만들기 위해 이 천을 사용할 것이다.

 정답 및 해설 p.28

종이가 없는 삶을 상상할 수 있나요? **종이는 인류 역사상 가장 위대한 발명품 중 하나죠.** 지금은 무언가를 기록할 때 컴퓨터와 스마트폰도 많이 쓰고 있지만, 종이는 아직 우리 삶에서 큰 역할을 하고 있어요. 여러분이 지금 보고 있는 이 책에도 쓰인 종이, 이 종이는 그렇다면 과연 누가, 언제 발명했을까요? 우리가 글씨를 쓰는 종이는 중국 후한(後漢) 시대에 궁에서 일을 했던 채륜(Cai Lun)이라는 사람이 발명했답니다. 채륜 이전에도 종이가 있긴 했어요. 하지만 물건을 포장하는 역할로만 쓰였죠. 오늘날 우리가 글을 쓰는 modern 종이는 채륜의 노력으로 발명되었답니다.

SEE THE NEXT PAGE! »

1 굵게 표시한 부분과 일치하도록 아래 단어를 알맞게 배열하여 문장을 완성하세요.

Paper is ________________________ in human history. (the / one / greatest / of / inventions)

2 밑줄 친 modern에 해당하는 우리말을 쓰세요.

____

교과서 지식 Bank

중학 역사1 - 종이의 전파

후한 시대의 채륜이 종이를 만든 이후로 중국에서는 종이를 만드는 기술, 즉 제지술이 계속 발전했다고 해요. 이렇게 발전된 제지술은 실크로드를 통해 서양으로도 전파되었고, 후에 서양의 인쇄술 발전에도 큰 영향을 주었다고 합니다.

Cai Lun invented both modern paper and the process of making it, though ⓐ he was only a servant of the king at the time. Since he worked for the king, he often went into towns and villages to see people's lives. One day, ⓑ he visited a silk shop and found a thin, white fabric. After checking it carefully, he decided it could be used for writing.

When ⓒ he returned home, he started to work on making a material like the white fabric from the store. He tried many things with the bark of trees, cloth, and even nets, such as boiling them, soaking them, and beating them. After many attempts, ⓓ he finally succeeded.

He recorded the process of paper making and showed the finished product to the king. The king was very pleased, and ⓔ he named the paper "Cai Hou Paper" out of respect for Cai's work. On that day, paper became a part of our history.

독해가 더 쉬워지는 Tip

work on : ~에 애쓰다, ~에 공을 들이다

He needs to **work on** his singing skills.
(그는 그의 노래 실력**에 공을 들여야** 한다.)

name A(목적어) B(목적격보어) : A를 B라고 이름을 짓다

We **named the dog Lucky**.
(우리는 **그 개를 Lucky라고 이름을 지었다**.)

정답 및 해설 p.28

1 Which of the following is the best title of the passage?

① How Was Modern Paper Invented?
② What Is the Main Use of Paper?
③ A King's Order to Invent Paper
④ How Did Cai Lun Become Rich?
⑤ Cai Lun's Effort to Keep Paper Secret

2 다음 중 이 글의 내용과 일치하지 않는 것을 고르세요.

① Cai Lun was the servant of the king.
② Cai Lun succeeded in making paper on his first try.
③ Cai Lun tried various things to find the most suitable one.
④ Cai Lun wrote down how to make paper and showed it to the king.
⑤ The king was very glad to see Cai Lun's invention.

3 Which of the following is different among the underlined ⓐ ~ ⓔ?

① ⓐ ② ⓑ ③ ⓒ ④ ⓓ ⑤ ⓔ

4 다음 빈칸 (A)와 (B)에 공통으로 들어갈 단어를 본문에서 찾아 쓰세요.

(1) When my dog hears something strange, he starts to ___(A)___.
(2) The squirrel was scratching the ___(B)___ off the tree.

____

invent 발명하다 / **process** 과정 / **though** (비록) ~이지만 / **servant** 하인, 종 / **silk** 실크, 비단 / **work on** ~에 애쓰다, ~에 공을 들이다 / **material** 직물, 천 / **cloth** 옷감, 직물, 천 / **boil** 끓이다 / **beat** 두드리다 / **attempt** 시도 / **finally** 마침내, 드디어 / **record** 기록하다 / **product** 결과물 / **pleased** 기쁜, 기뻐하는 / **out of respect** 존경심에서
선택지 어휘 1 **effort** 노력 2 **suitable** 적절한, 알맞은

수학 I 도형의 기초

피라미드의 숨겨진 각도

교육부 지정 중학 필수 어휘

정답 및 해설 p.30

square	명 1. **정사각형** 2. 광장
million	명 1. **100만** 2. 수많은
exact	형 **정확한, 정밀한**
peak	명 1. 절정, 최고조 2. **정상, 꼭대기** 형 절정기의, 한창인
pile	명 **쌓아 놓은 것, 더미** 동 쌓다, 포개다
slide – slid – slid	동 1. **미끄러지다** 2. 미끄러지게 하다, 미끄러뜨리다 명 1. 미끄러짐 2. (어린이용의) 미끄럼틀

아래 해석을 참고하여 다음 각 빈칸에 적절한 단어를 위의 목록에서 골라 쓰세요. (동사의 시제와 명사의 수에 유의)

1 A perfect ______________ has 4 sides of the same length.

2 I ______________ on an icy street. My brother saw it and laughed at me.

3 The police tried to get the ______________ location of the thief to catch him.

4 I finally arrived at the ______________ of the mountain. I was so proud of myself.

5 The teacher had a ______________ of books on her desk. She had many books.

6 The singer's last album sold more than 1 ______________ copies. It was his most successful album yet.

해석 1 완벽한 정사각형은 길이가 같은 4변을 갖고 있다. 2 나는 얼음이 언 길에서 미끄러졌다. 나의 형이 그것을 보고 나를 놀렸다. 3 경찰은 그 도둑을 잡기 위해서 그의 정확한 위치를 알아내려고 노력했다. 4 나는 마침내 산 정상에 도착했다. 나는 내 자신이 무척 자랑스러웠다. 5 선생님은 책상에 책 더미를 갖고 있었다. 그녀는 책을 많이 갖고 있었다. 6 그 가수의 지난 음반은 백만 장이 넘게 팔렸다. 그것은 지금까지 그의 가장 성공한 앨범이다.

 정답 및 해설 p.30

이집트의 피라미드(Pyramid)는 세계 7대 불가사의 중 하나로 아주 유명하죠. 고대 이집트의 왕인 파라오의 무덤으로, 사각뿔 모양이 특징이에요. 그 당시에는 왕이 죽으면 여러 보물을 함께 묻었는데요, 사람들은 파라오가 죽은 후에 사후 세계에서 살아남으려면 보물이 필요할 것이라 믿었다고 해요. 그래서 무덤과 무덤 속 보물을 지키기 위해 여러 함정을 설치하여 도굴꾼을 쫓아내기도 했답니다. 이집트에는 피라미드가 여러 개 남아 있어요. 그중에서도 기자 피라미드(the Great Pyramid of Giza)라고도 불리는 쿠푸 왕의 피라미드는 수천 년 동안 가장 높은 고대 건축물이었어요. 정말 오랜 시간 동안 수천 명의 노예와 노동자들이 직육면체 모양의 석회암 pile을 겹겹이 쌓아 올려 이 위대한 건축물을 만들 수 있었답니다.

SEE THE NEXT PAGE! »

1 밑줄 친 pile에 해당하는 우리말을 고르세요.

① 더미 ② 조각 ③ 판 ④ 정사각형

2 이 글의 내용과 일치하면 T, 그렇지 않으면 F를 쓰세요.

(1) 고대 이집트인들은 파라오가 죽은 후에도 보석이 필요하다고 생각했다. ________

(2) 피라미드에는 여러 가지 함정이 있어서 도굴꾼을 쫓아낸다. ________

(3) 쿠푸 왕의 피라미드는 직사각형 모양의 석회암으로 만들어졌다. ________

교과서 지식 Bank

중1 수학 - 피라미드 높이 구하기

고대 그리스의 수학자 탈레스는 피라미드의 높이를 직접 측정하지 않고 지팡이와 피라미드 그림자 길이 사이의 관계를 이용해 피라미드 높이를 측정한 것으로 유명해요.

지팡이의 그림자 길이 : 막대기의 높이 = 피라미드 그림자 길이 : 피라미드 높이

라는 비례식을 이용한 것이지요.

KEEP READING! 영어로 더하는 새로운 지식 한 페이지

The base of the Great Pyramid of Giza is a perfect square. Each side is about 230 meters. In addition, the four sides face north, south, east, and west. Ancient Egyptians built the pyramid with 2.3 million blocks of rock. There are many mysteries about this giant tomb, and some people are still working to solve them.

One of the mysteries is about the angle of the pyramid. Each side of the Great Pyramid has an exact angle of 51.52 degrees to the peak. An angle of 51.52 degrees is not just any angle. It is the sharpest angle that will hold sand. In other words, at the angle of 51.52 degrees, a pile of dry sand will not slide downhill. Experts still don't know whether or not the ancient Egyptians knew about the 51.52 degrees when they built the pyramid. Either way, the Great Pyramid of Giza is surely full of many mysteries.

독해가 더 쉬워지는 Tip

in other words : 다시 말해서, 즉

The result depends on you. **In other words**, if you work hard, you will do great.
(결과는 네가 하기에 달려있다. **다시 말해서**, 만약 네가 열심히 한다면 너는 잘할 것이다.)

1 **Which of the following is the best title of the passage?**

① The Math Used in Building the Pyramids
② The Mysteries of the Pyramid Called "Giza"
③ The Treasures in the Pyramid Called "Giza"
④ Interesting Events That Happened in a Pyramid
⑤ The Most Loved Egyptian King, "Khufu"

2 **다음 중 이 글의 내용과 일치하지 않는 것을 고르세요.**

① 기자 피라미드의 각 변은 약 230미터이다.
② 기자 피라미드는 230만 개의 돌덩이로 지어졌다.
③ 기자 피라미드에 관해 아직 풀리지 않은 미스터리가 있다.
④ 기자 피라미드의 꼭대기로 향하는 각 변의 각도는 같다.
⑤ 고대 이집트인들은 51.52도의 비밀을 알고 있었다.

3 **다음 빈칸 (A)와 (B)에 공통으로 들어갈 단어를 본문에서 찾아 쓰세요.**

(1) The kids laugh as they ___(A)___ down the hill.
(2) In the playground, parents should watch when their kids go on a ___(B)___.

____

4 **What does the underlined "the sharpest angle that will hold sand" mean? Write the answer in Korean.**

____

5 **다음 영영 뜻풀이에 해당하는 단어를 이 글에서 찾아 쓰세요.**

being correct or the same in every detail

____

base 토대, 바닥 / **in addition** 게다가 / **face** ~을 향하다 / **ancient** 고대의 / **mystery** 미스터리, 신비 / **tomb** 무덤 / **solve** 풀다 / **angle** 각도 / **degree** (각도의 단위인) 도 / **in other words** 다시 말해서, 즉 / **downhill** 내리막[비탈] 아래로 / **expert** 전문가 / **whether** ~인지 / **surely** 확실히 / **full of** ~로 가득 찬
선택지 어휘 1 **treasure** 보물

04

사회 | 일상생활과 법

외국 여행 전 알아야 할 법

교육부 지정 중학 필수 어휘

정답 및 해설 p.31

sensitive	형 1. **예민한, 민감한** 2. 세심한
soldier	명 **군인, 병사**
pack	동 (짐을) **싸다, 꾸리다** 명 짐, 꾸러미
expect	동 **예상하다, 기대하다**
refuse	동 **거절하다, 거부하다**
yard	명 **마당, 뜰**

아래 해석을 참고하여 다음 각 빈칸에 적절한 단어를 위의 목록에서 골라 쓰세요. (동사의 시제와 명사의 수에 유의)

1 I didn't make any mistakes on the test, so I am ________________ a perfect score.

2 I've already ________________ my bag. I am ready to leave.

3 He invited me to a party last weekend, but I ________________. I had other plans.

4 My sister has very ________________ skin. Her skin gets red when it gets cold.

5 My grandfather planted an apple tree in our ________________ 10 years ago.

6 The ________________ are coming back because the war is over.

해석 1 나는 시험에서 아무 실수도 하지 않아서 만점을 기대하고 있다. 2 나는 내 가방을 이미 꾸렸어. 난 떠날 준비가 되어 있어. 3 그는 지난 주말에 나를 파티에 초대했지만, 난 거절했다. 나는 다른 계획이 있었다. 4 내 여동생은 매우 예민한 피부를 가졌다. 그녀의 피부는 추워지면 빨개진다. 5 할아버지는 십 년 전에 우리 집 마당에 사과나무를 심으셨다. 6 전쟁이 끝났기 때문에 군인들이 돌아오고 있다.

START READING! 우리말로 이해하는 교과서 속 배경지식

정답 및 해설 p.31

'로마에 가면 로마법을 따르라.' 많이 들어본 말이죠? 이 말에서도 알 수 있듯이, **각 나라에는 서로 다른 법체계가 존재해요.** 세계화로 인해 국가 간 상호의존도가 높아진 덕분에 세계가 하나의 큰 국제사회를 이루었지만, 법에서는 그렇지 않은 부분도 많아요. 외국에 나가보면 우리나라와 다른 법률 조항 때문에 당황하는 경우가 종종 생기곤 한답니다. 예를 들어볼까요? 싱가포르에서는 껌을 씹는 것이 불법 행위예요. 껌을 씹다가 아무 곳에나 뱉었을 때 도시 미관을 해칠 수 있기 때문이지요. 혹시 여러분도 다른 나라를 여행할 계획이 있다면, 짐을 pack하기 전에, 그곳의 법을 잘 숙지해두세요. 그렇지 않으면 모든 것이 생소한 타지에서 벌금을 물게 될 수도, 감옥에 갈 수도 있으니까요.

SEE THE NEXT PAGE! »

1 **밑줄 친 pack에 해당하는 우리말을 고르세요.**

① 꾸리다 ② 풀다 ③ 나르다 ④ 싣다

2 **굵게 표시한 부분과 일치하도록 아래 단어를 알맞게 배열하여 문장을 완성하세요.**

________________________________ system of laws.

(a / country / different / each / has)

교과서 지식 Bank

중학 사회2 - 법

법은 국가 권력에 의해 강제되는 사회 규범으로, 구성원 사이에 발생하는 분쟁을 처리하고 해결하는 기준을 제공하여 사회 질서를 유지해요. 법은 도덕, 종교, 관습과 같은 다른 규범과 달리 강제성을 가지기 때문에, 지키지 않을 경우에는 국가 권력에 의해 제재를 받게 되지요.

When you travel to Kazakhstan, do not take pictures in front of airports or military or government buildings. It is against the law because the Kazakh government is very sensitive about spying.

In Barbados, you must not wear military clothing during your trip. The government only allows its soldiers to wear army patterns. ____________, if you have plans to take a trip to Barbados, do not pack any item with army patterns, such as T-shirts and pants, caps, watches, bags, and so on.

When you are shopping in Canada and only have coins, don't expect cashiers to accept them. According to the law, stores in Canada can refuse coins if customers try to pay only with coins. More than 25 one-cent coins will not be accepted. Make sure to bring some paper money when you shop in Canada.

In Rome, Italy, you might have to pay a fine while eating lunch or snacks. You're not allowed to eat or drink on church steps or within a church yard. The same goes for other historic sites. So, be careful where you decide to fill up your stomach.

*Kazakhstan 카자흐스탄

**Barbados 바베이도스 《카리브 해 동쪽의 섬》

***fine 벌금

독해가 더 쉬워지는 Tip

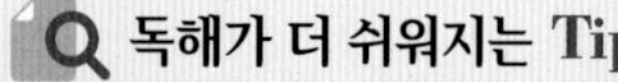
and so on: 기타 등등, ~ 등

You have to pack pants, T-shirts, a toothbrush, **and so on**.
(너는 바지, 티셔츠, 칫솔, **기타 등등**을 챙겨야 한다.)

정답 및 해설 p.31

1 **Which of the following is the best topic of the passage?**

① 다양한 국가들의 색다른 문화
② 세계 여러 나라 법률의 공통점
③ 국제법이 존재하는 이유
④ 여러 국가들의 색다른 법
⑤ 법이 국민들에게 미치는 영향

2 **이 글의 내용과 일치하면 T, 그렇지 않으면 F를 쓰세요.**

(1) 카자흐스탄 공항에서는 사진을 찍으면 안 된다. ________
(2) 캐나다에서는 고액권 지폐를 사용하기 어렵다. ________
(3) 로마에서는 유적지에서 음식을 먹어서는 안 된다. ________

3 **다음 중 글의 빈칸에 들어갈 말로 가장 알맞은 것을 고르세요.**

① However ② So ③ Instead ④ Also ⑤ For example

4 **이 글의 내용과 일치하도록 아래 빈칸 (A)와 (B)에 들어갈 말로 알맞게 짝지어진 것을 고르세요.**

Every country has ___(A)___ laws, and some actions are not ___(B)___ in some countries.

	(A)		(B)
①	equal	……	allowed
②	similar	……	refused
③	different	……	expected
④	different	……	allowed
⑤	similar	……	refused

5 **다음 영영 뜻풀이에 해당하는 단어를 이 글에서 찾아 쓰세요.**

to say "no" when someone asks you to do something

____

military 군(대)의, 군사의 / **government** 정부, 정권 / **law** 법, 법률 / **spy** 스파이 활동을 하다 / **allow** 허락하다, 허용하다 / **army** 군대의 / **pattern** 모양, 무늬, 패턴 / **item** 물품 / **and so on** 기타 등등, ~ 등 / **coin** 동전 / **cashier** 출납원, 계산원 / **accept** 받아들이다, 받아 주다 / **customer** 고객, 손님 / **snack** 간단한 식사, 간식 / **step** 계단 / **historic site** 유적지 / **fill up** ~을 채우다 / **stomach** 배, 위

Chapter 05

What to Read	교과 과정 연계
01 먹는 물병이 있다고요?	중1 국어 I 효과적인 전달 고등 통합사회 – 환경 문제 해결을 위한 노력
02 100마일 다이어트 운동	중학 사회2 I 환경 문제와 지속 가능한 환경 고등 통합사회 – 환경 문제 해결을 위한 노력
03 베르사유 궁전	중학 역사1 I 중세 유럽의 변화 고등 세계사 – 유럽 세계의 팽창
04 설탕 중독	중2 과학 I 소화 · 순환 · 호흡 · 배설 고등 생명 과학1 – 에너지와 소화 · 호흡 · 순환 · 배설의 관계

국어 01 먹는 물병이 있다고요?

사회 02 100마일 다이어트 운동

역사 03 베르사유 궁전

과학 04 설탕 중독

What to Learn	독해가 더 쉬워지는 Tip
심각한 환경 문제의 주범인 플라스틱 물병을 대체할 먹는 물병에 대해 자세히 알아봐요.	throw A away put effort into
자연도 보호하고 지역 경제 발전에도 도움이 되는 100마일 다이어트에 대해 읽어볼까요?	first of all in addition
루이 14세의 막강했던 권력의 상징인 베르사유 궁전에 대해 자세히 알아봐요.	be covered with get rid of
여러 질병을 유발할 수 있는 설탕 중독을 어떻게 극복할 수 있을까요?	cut down on

01 국어 | 효과적인 전달

먹는 물병이 있다고요?

교육부 지정 중학 필수 어휘

정답 및 해설 p.34

minute	명 1. (시간 단위의) **분** 2. 잠깐
shocked	형 **충격을 받은, 어안이 벙벙한**
resolve	동 1. (문제 등을) **해결하다** 2. (굳게) 다짐하다, 결심하다
invention	명 1. 발명품 2. **발명**
harm	명 **해, 피해, 손해** ※ **do harm** 해를 끼치다 동 해치다, 해를 끼치다
within	전 (장소 · 시간 · 거리 등) **~ 이내에, ~의 범위 내에서**

아래 해석을 참고하여 다음 각 빈칸에 적절한 단어를 위의 목록에서 골라 쓰세요. (동사의 시제와 명사의 수에 유의)

1 Before the ______________ of air conditioners, how did people keep buildings cool?

2 Don't worry. The package will arrive ______________ a week.

3 He may look unfriendly, but he would never cause any ______________ to people.

4 They are working hard to ______________ the problem. Let's wait a while.

5 It takes about five ______________ from my house to school. It is very close.

6 We were very ______________ to hear of his sudden death.

해석 1 에어컨의 발명 이전에 사람들은 어떻게 건물을 시원하게 유지했을까? 2 걱정하지 마. 그 소포는 일주일 이내로 도착할 거야. 3 그는 불친절해 보일 수도 있지만, 사람들에게 절대 아무런 해도 끼치지 않을 것이다. 4 그들은 그 문제를 해결하기 위해 열심히 일하고 있다. 조금만 기다려보자. 5 우리 집에서 학교까지 5분 정도 걸린다. 정말 가깝다. 6 우리는 그의 갑작스러운 죽음에 대해 듣고 매우 충격을 받았다.

과자 봉지, 휴지, 음료수 병, 일회용 종이컵 등 우리가 매일 버리는 **쓰레기의 양은 생각보다 훨씬 많아요.** 이렇게 버려진 쓰레기가 지구 곳곳에 쌓이다 보면 조만간 지구에 쓰레기를 묻을 곳이 사라지게 될지도 몰라요. 또, 이런 쓰레기들이 분해되면서 나오는 환경오염 물질들이 우리의 건강에 harm을 주고 있기도 하죠. 당장 주위만 둘러보더라도 호흡기 질환과 피부 질환에 고통 받는 사람들이 점점 많아지고 있어요. 그러면서 자연과 우리의 건강을 위해 쓰레기의 양을 줄여야 한다는 생각을 하는 사람들도 늘어나고 있죠. 여러분은 어떤가요?

SEE THE NEXT PAGE! »

1 밑줄 친 harm에 해당하는 우리말을 고르세요.

① 도움 ② 해, 피해, 손해 ③ 해결 ④ 충격

2 굵게 표시한 부분과 일치하도록 아래 단어를 알맞게 배열하여 문장을 완성하세요.

______________________ is much more than what you think. (of / the / garbage / amount)

교과서 지식 Bank

중1 국어 - 자료의 활용

「1그램과의 전쟁, 탄소를 줄여라」라는 다큐멘터리는 인간이 남긴 탄소 발자국으로 환경은 심각하게 파괴되었고, 그래서 이제는 탄소 배출을 줄이기 위해 생활 습관을 바꾸어야 한다는 내용이에요. 다큐멘터리는 전문적인 내용을 다루는 경우가 많아서 그림과 도표 등을 통해 이해를 돕곤 하는데요. 다양한 자료를 활용하게 되면 독자의 관심과 흥미를 유발할 수 있고, 복잡한 내용을 간단하고 이해하기 쉽게 전달할 수 있답니다.

KEEP READING! 영어로 더하는 새로운 지식 한 페이지

How do you drink water when you're outside? Do you buy a plastic bottle of water or carry your own water bottle? If you buy one and drink all the water in it, what do you do with it then? Do you throw it away or keep it for later use? You might be surprised at this, but in the U.S., over two million plastic bottles are thrown away every five minutes. (①)

Three college students in London, UK, were also shocked. (②) They wanted to do something for nature, so they started putting effort into resolving the problem. (③) The invention of a water bottle that you can eat! (④)

It looks like a bubble and is composed of seaweed. (⑤) To drink water, you need to make a hole on the surface or pop it in your mouth. After drinking the water, you can eat the bottle or just throw it away. It will do no harm to your body or nature because it's made from seaweed and will break down within weeks.

독해가 더 쉬워지는 Tip

throw A away : A를 버리다[없애다]

I **threw** my old clothes **away** since I wasn't wearing them anymore.
(나는 그것들을 더 이상 입지 않기 때문에 나의 낡은 옷들**을 버렸다**.)

put effort into : ~에 공을 들이다, ~에 노력을 들이다[기울이다]

We **put** a lot of **effort into** this project.
(우리는 이 프로젝트**에** 많은 **공을 들였습니다**.)

1 **Which of the following is the best title of the passage?**

① The Most Popular Type of Water Bottle
② The Effect of Plastic Bottles on Nature
③ The Birth of a Water Bottle That We Can Eat
④ The Seaweed That Is Good for Our Health
⑤ The Ways to Recycle Used Plastic Bottles

2 **다음 중 이 글의 내용과 일치하지 않는 것을 고르세요.**

① 미국에서는 5분마다 2백만 개 이상의 플라스틱 병이 버려진다.
② 세 명의 대학생들은 자연보호를 위해 시위 활동을 했다.
③ 먹을 수 있는 물병은 해조류로 만들어졌다.
④ 먹을 수 있는 물병은 표면에 구멍을 내어 마실 수 있다.
⑤ 먹을 수 있는 물병은 몇 주안에 자연적으로 분해된다.

3 **Where would the following sentence best fit?**

What was the result?

① ② ③ ④ ⑤

4 **다음 빈칸 (A)와 (B)에 공통으로 들어갈 단어를 본문에서 찾아 쓰세요.**

(1) It is ten ___(A)___ to noon. It's almost lunchtime.
(2) Sorry to keep you waiting. The doctor will be back in a few ___(B)___.

____

5 **Find the word in the passage which has the given meanings.**

ⓐ the act of creating something new
ⓑ something that is made for the first time

____

plastic 플라스틱 / **throw A away** A를 버리다[없애다] / **surprised** 놀란, 놀라는 / **million** 100만 / **put effort into** ~에 공을 들이다, ~에 노력을 들이다[기울이다] / **result** 결과 / **bubble** 방울[공] 모양의 것 / **be composed of** ~으로 구성되어[이루어져] 있다 / **seaweed** 해초 / **hole** 구멍, 틈 / **surface** 표면, 외면 / **pop** 터뜨리다 / **break down** 분해되다
선택지 어휘 1 **effect** 영향

100마일 다이어트 운동

교육부 지정 중학 필수 어휘

정답 및 해설 p.36

benefit	명 **혜택, 이득** 동 유익하다, 유용하다
plate	명 **그릇, 접시**
transport	명 **수송, 운송** 동 수송하다, 이동시키다
obtain	동 **얻다, 손에 넣다, 획득하다**
direct	형 **직접적인** 동 지도하다, 관리하다
economy	명 **경기, 경제**

아래 해석을 참고하여 다음 각 빈칸에 적절한 단어를 위의 목록에서 골라 쓰세요. (동사의 시제와 명사의 수에 유의)

1 After many years of practice, she finally ______________ first prize in the violin contest.

2 My mom asked me to place our dinner ______________ on the table.

3 Because of the poor ______________, many people lost their jobs.

4 The ______________ of advertising in local newspapers is that lots of local people can see it.

5 After a big fight, Susan and I avoided ______________ contact for several years.

6 The ______________ of food to the area will take at least three days. The storm destroyed the roads.

해석 1 수년 간의 연습 후에, 그녀는 마침내 바이올린 대회에서 일등상을 획득했다. 2 엄마는 나에게 우리의 저녁 식사 접시를 테이블에 놓아 달라고 하셨다. 3 침체된 경제 때문에, 많은 사람들이 일자리를 잃었다. 4 지역 신문 광고의 혜택은 많은 지역 주민이 볼 수 있다는 것이다. 5 큰 다툼 이후에, 수잔과 나는 몇 년간 직접적인 접촉을 피했다. 6 그 지역으로 음식 수송은 적어도 3일이 걸릴 것이다. 그 폭풍은 도로를 파괴했다.

 정답 및 해설 p.36

'100마일 다이어트(100-mile diet)'에 대해 들어본 적 있나요? 여기서 '다이어트'는 살을 뺀다고 할 때의 그 다이어트가 아니라 '식단'을 의미해요. 그럼 100마일 식단이 무슨 뜻이냐고요? 100마일을 킬로미터로 환산하면 약 161km가 되는데요. 자신이 사는 곳으로부터 반경 100마일 이내에서 생산되는 음식만 섭취하는 운동이 바로 100마일 다이어트랍니다. 맨 처음 이 운동을 시작한 캐나다 밴쿠버의 한 부부는 자신들이 소비하는 음식 대부분이 생산지로부터 1,500마일(2,400km) 이상 떨어진 곳에서 생산된다는 사실에 충격을 받아 100마일 다이어트를 시작했어요. 그 후 이 부부는 자연보존과 지역 economy 발전에 도움을 주었을 뿐만 아니라, 6주 만에 체중을 약 7kg 감량하는 효과도 얻었다고 하네요.

SEE THE NEXT PAGE! »

1 **밑줄 친 economy에 해당하는 우리말을 쓰세요.**

____

2 **이 글의 내용과 일치하면 T, 그렇지 않으면 F를 쓰세요.**

(1) '100마일 다이어트'의 '다이어트'는 '식단'을 의미한다. ______

(2) 100마일 다이어트는 미국에서 처음 시작되었다. ______

(3) 100마일 다이어트로 체중 감량 효과를 얻기도 한다. ______

교과서 지식 Bank

중학 사회2 - 푸드 마일리지

모든 식품은 생산지에서 소비지로 여러 운송 수단에 의해 이동되고, 그 과정에서 이산화탄소가 발생해요. 따라서 식품의 이동 거리가 멀수록 온실가스가 많이 배출된다고 할 수 있지요. 푸드 마일리지는 이러한 개념을 수치로 표현한 것으로, 이동 거리(km)에 식품 수송량(톤)을 곱해 나타냅니다. 푸드 마일리지가 큰 식품은 작은 식품보다 온실가스를 더 많이 배출한다고 볼 수 있어요.

KEEP READING! 영어로 더하는 새로운 지식 한 페이지

There are lots of benefits of the 100-mile diet. First of all, ⓐ it is good for the environment. Local food doesn't have to travel far to arrive on your plate, so ⓑ it helps reduce greenhouse gases. In addition, the food will be fresher and much better for health. Food that comes from a long distance needs to spend time in a store or transport truck before arriving at the supermarket. Normally, 50% to 89% of vitamin C is lost from vegetables between 24 and 48 hours after harvest. On the other hand, local food is usually picked less than 24 hours before ⓒ it comes to the supermarket. Weight loss is another benefit of the 100-mile diet. It might be easy to buy processed foods at the supermarket. But they can easily make you fat because they often have too much fat, salt, and other food additives. ⓓ It is helpful for the local community as well. ⓔ It supports local farmers and other producers. They can obtain full value for their products through direct sales to local customers. This, in turn, develops the local economy.

*processed food 가공 식품

**food additives 식품 첨가물

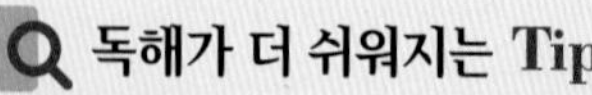

독해가 더 쉬워지는 Tip

first of all : 우선, 다른 무엇보다 먼저

First of all, I'd like to introduce myself to you guys.
(**우선**, 당신들에게 제 소개를 하고 싶습니다.)

in addition : (~에) 덧붙여, 게다가

He is good at all subjects. **In addition**, he is the captain of the basketball team.
(그는 전 과목을 잘한다. **게다가**, 그는 농구팀의 주장이기도 하다.)

정답 및 해설 p.36

1 **Which of the following is the best title of the passage?**

① How to Successfully Diet in 100 Days
② Traveling 100 Miles Alone
③ The Good Points of the 100-Mile Diet
④ Benefits of Entering a 100-Mile Marathon
⑤ 100 Different Healthy Meal Plans

2 **다음 중 현지 식품에 관해 이 글에 언급되지 않은 것을 고르세요.**

① 온실가스를 줄이는 데 도움이 되는 이유
② 더 신선하고 건강에 좋은 이유
③ 가공 식품에 비해 더 쉽게 살 수 있는 이유
④ 가공 식품을 먹을 때보다 살이 빠지는 이유
⑤ 지역 경제에 도움이 되는 이유

3 **Which of the following is different among the underlined ⓐ ~ ⓔ?**

① ⓐ ② ⓑ ③ ⓒ ④ ⓓ ⑤ ⓔ

4 **다음 빈칸 (A)와 (B)에 공통으로 들어갈 단어를 본문에서 찾아 쓰세요.**

(1) Eating healthy food ____(A)____ you in many ways.
(2) There are many ____(B)____ of doing what you really like.

____

5 **다음 중 문맥상 In addition이 들어가기에 더 적절한 곳을 고르세요.**

Our new house is very close to the station. ____①____, it has four large bedrooms. ____②____, I don't have to share a room with my sister. ____③____, I am so happy.

diet 식단 / **first of all** 우선, 다른 무엇보다 먼저 / **environment** 환경 / **local** 지역의, 현지의 / **reduce** 줄이다, 감소시키다 / **greenhouse gas** 온실가스 / **in addition** (~에) 덧붙여, 게다가 / **distance** 거리 / **store** 창고 / **normally** 보통, 대개 / **harvest** 수확 / **weight** 무게, 체중 / **loss** 감소 / **community** 공동체, 지역사회 / **support** 원조하다, 지원하다 / **producer** 생산자 / **value** 가치 / **product** 생산물, 상품 / **in turn** 결국 / **develop** 발달시키다
선택지 어휘 1 **marathon** 마라톤

역사 I 중세 유럽의 변화

베르사유 궁전

교육부 지정 중학 필수 어휘

정답 및 해설 p.38

stair	명 《복수형》 **계단, 층계**
symbol	명 1. **상징(물)** 2. (과학, 수학, 음악 등에 쓰이는) 기호
material	명 1. 직물, 천 2. **재료**
impressive	형 **강한 인상을 주는, 감명을 주는**
official	형 공무상의, 공적인 명 **공무원, 관리**
except	전 (누구 · 무엇을) **제외하고는[외에는]**

아래 해석을 참고하여 다음 각 빈칸에 적절한 단어를 위의 목록에서 골라 쓰세요. (동사의 시제와 명사의 수에 유의)

1 This artist has a great talent for art. His drawings are ________________.

2 Many people complained about the noise. So, some city ________________ decided to solve the problem.

3 The ________________ of this necklace are the highest quality.

4 The shape of a red cross is the ________________ of the church.

5 Instead of taking the elevator, Linda started to use the ________________ to lose weight.

6 The rich man had everything ________________ one. He didn't have his family.

해석 1 이 화가는 미술에 대단한 재능을 갖고 있다. 그의 그림들은 강한 인상을 준다. 2 많은 사람들이 소음에 대해 불평했다. 그래서 몇몇 시 공무원들은 그 문제를 해결하기로 결정했다. 3 이 목걸이의 재료들은 최고급이다. 4 빨간 십자가 모양은 교회의 상징이다. 5 린다는 엘리베이터를 타는 대신 살을 빼기 위해 계단을 이용하기 시작했다. 6 그 부자는 하나를 제외하고는 모든 것을 가지고 있었다. 그에게는 가족이 없었다.

"짐이 곧 국가다." 이 말은 프랑스의 왕 루이 14세(Louis XIV)가 자신의 절대왕정을 내세우며 한 말인데요, 이 말만 봐도 당시에 왕권이 얼마나 강했는지 알 수 있죠? **루이 14세는 사람들에게 자신을 '태양왕'이라고 부르게 했어요.** 그리고 그 이름에 걸맞게 궁정 발레에도 직접 참여해 태양의 신 아폴론 역할을 즐겨 맡았다고 해요. 루이 14세의 절대적 권력과 사치스러움의 symbol은 단연코 세계에서 가장 아름다운 궁전으로 손꼽히는 베르사유 궁전(Versailles Palace)일 거예요. 오랜 시간이 지난 지금까지도 관광객들의 발길이 끊이지 않는 베르사유 궁전에서는 당시 루이 14세의 막강했던 권력, 그 웅장함과 섬세함을 그대로 느낄 수 있답니다. 하지만 베르사유가 루이 14세 이전에도 아름다운 궁전이었던 것은 아니에요.

SEE THE NEXT PAGE! »

1 **밑줄 친 symbol에 해당하는 우리말을 쓰세요.**

____

2 **굵게 표시한 부분과 일치하도록 아래 단어를 알맞게 배열하여 문장을 완성하세요.**

Louis XIV made ____________________ the "Sun God."
(him / call / people)

교과서 지식 Bank

중학 역사 1 - 서유럽의 절대왕정

신항로 개척 이후 국제 무역이 늘어나고 식민지가 확대되자 서유럽의 경제는 비약적으로 발전했어요. 이를 바탕으로 국왕이 온 나라를 지배하는 절대왕정이 성립되었지요. 프랑스의 루이 14세는 절대왕정 시대에 프랑스를 유럽 최강의 국가로 만들기도 했지만, 무리한 대외 전쟁이 거듭되자 국력이 점차 약화되었답니다.

KEEP READING! 영어로 더하는 새로운 지식 한 페이지

The city of Versailles was a small town. Kings went there to hunt in the summer because there were many wild animals. Then, Louis XIV decided to build a palace. This royal palace had 2,143 windows and 67 sets of stairs inside and about 1,400 fountains in its gardens. The palace was the symbol of France, so all the materials used to build it came from France, too.

One of the most famous rooms in the world is the Hall of Mirrors in the palace. The room has 357 mirrors, 17 glass doors, and many sculptures that are covered with gold and silver. The size and the expensive materials used in the room are very impressive.

There were more than 1,400 rooms for royal people, servants, and government officials. It seems like everything was in the palace except one. What's that? They did not have bathrooms in the palace. Years ago, people living in the palace had to go to the gardens to relieve themselves. This is also why France is famous for perfume. They had to get rid of the ____________.

*the Hall of Mirrors (베르사유 궁전의) 거울의 방

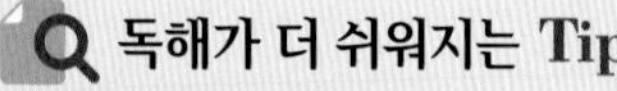

독해가 더 쉬워지는 Tip

be covered with : ~으로 덮여있다

The mountain **was covered with** white snow.
(산은 하얀 눈**으로 뒤덮여 있었다.**)

get rid of : ~을 처리하다, ~을 없애다

He always played games. So, his mom **got rid of** his computer.
(그는 항상 게임을 했다. 그래서 그의 엄마는 그의 컴퓨터**를 없애버렸다.**)

정답 및 해설 p.38

1 **Which of the following is the best topic of the passage?**

① the secret room in the royal palace
② France's symbol, the Palace of Versailles
③ Louis XIV's favorite hobby
④ France's famous tourist site, Louis XIV's garden
⑤ the Palace of Versailles' ballroom

2 **다음 중 베르사유 궁전에 있는 것으로 언급되지 않은 것은?**

① 분수 ② 거울의 방 ③ 조각품 ④ 연못 ⑤ 정원

3 **다음 중 이 글의 내용과 일치하지 않는 것을 고르세요.**

① 베르사유에는 야생 동물이 많았다.
② 베르사유에 궁전을 짓기로 결심한 것은 루이 14세였다.
③ 궁전을 짓는 데 사용된 재료는 프랑스에서 왔다.
④ 거울의 방에는 357개의 거울이 있다.
⑤ 궁전의 방은 모두 왕을 위한 것이었다.

4 **다음 중 글의 빈칸에 들어갈 말로 가장 알맞은 것을 고르세요.**

① wild animals ② waste ③ flower
④ smell ⑤ bugs

5 **다음 중 이 글을 읽고 대답할 수 없는 질문을 고르세요.**

① Why did kings go to the city of Versaille?
② Why did Louis XIV build such a big royal palace?
③ How many windows did the royal palace have?
④ How many rooms were in the royal palace?
⑤ What was not in the royal palace?

wild 야생의 / **royal** 왕실의, 왕의 / **a set of** ~ 한 벌[세트] / **fountain** 분수 / **sculpture** 조각품 / **be covered with** ~으로 덮여있다 / **servant** 하인 / **government** 정부, 정권 / **relieve oneself** 대소변을 보다 / **perfume** 향수 / **get rid of** ~을 처리하다, ~을 없애다
선택지 어휘 1 tourist site 관광지

과학 | 소화·순환·호흡·배설

설탕 중독

교육부 지정 중학 필수 어휘

정답 및 해설 p.40

label	명 《종이 등에 물건에 대한 정보를 적어 붙여 놓은》 **표[라벨, 상표]** 동 표[라벨, 상표]를 붙이다
amazed	형 (대단히) **놀란**
drop	동 1. 떨어지다, 떨어뜨리다 2. 쓰러지다 명 **방울**
huge	형 (크기 · 양 · 정도가) **엄청난, 거대한**
sweet	형 1. 달콤한, 단 2. 달콤한 향기가 나는 명 **단것, 사탕 및 초콜릿류**
source	명 1. 원천, 근원 2. **출처, 공급원**

아래 해석을 참고하여 다음 각 빈칸에 적절한 단어를 위의 목록에서 골라 쓰세요. (동사의 시제와 명사의 수에 유의)

1 She ate too many ______________ and had to go to a dentist.

2 It is not a ______________ problem. I can fix it quickly.

3 Eating healthy meals is very important because it is a ______________ of energy.

4 I think I saw a ______________ of rain. It will be raining soon.

5 If you look at the ______________ on the clothing, you can get information on washing.

6 I was ______________ at her beautiful voice when she was singing.

해석 1 그녀는 단 것들을 너무 많이 먹어서 치과에 가야 했다. 2 그건 엄청난 문제가 아니다. 나는 그것을 빨리 해결할 수 있다. 3 건강한 식사를 하는 것은 매우 중요하다. 왜냐하면, 그것은 에너지의 공급원이기 때문이다. 4 비 한 방울을 본 거 같아. 곧 비가 올 듯해. 5 옷의 라벨을 보면 세탁 정보를 얻을 수 있다. 6 나는 그녀가 노래 부를 때, 그녀의 아름다운 목소리에 놀랐다.

 정답 및 해설 p.40

단 음식을 먹고 기분이 좋아진 적 있나요? 혹은 스트레스를 받았을 때 단 음식이 먹고 싶었던 적은요? 자기도 모르게 단것을 자꾸 찾게 되나요? 그렇다면 혹시 설탕에 중독된 것은 아닌지 생각해봐야 합니다. 설탕에도 중독이 되냐고요? 물론이죠! 대답에 amazed했나요? 설탕 중독은 당뇨병과 비만 등 여러 질병에 걸리기 쉽기 때문에 위험해요. 단것을 많이 먹기 때문에 충치도 더 잘 생기고, 감정의 기복이 심해져 우울증에도 걸릴 수 있어요. 또 피부도 훨씬 더 빨리 늙는답니다. 달콤한 초콜릿, 과자, 사탕, 음료수 등의 유혹을 뿌리치는 건 처음엔 쉽지 않겠지요. 하지만 막상 실천해보면 설탕 섭취를 줄이는 건 그리 어렵지 않답니다.

SEE THE NEXT PAGE! »

1 **밑줄 친 amazed에 해당하는 우리말을 쓰세요.**

____

2 **굵게 표시한 부분과 일치하도록 아래 단어를 알맞게 배열하여 문장을 완성하세요.**

Have you ______________________________ having sweet food? (better / felt / after / ever)

교과서 지식 Bank

중2 과학 - 소화

우리가 음식을 섭취하면 입으로 들어간 음식물은 잘게 부서지고, 소화관을 지나면서 음식물 속의 영양소가 더 작은 영양소로 분해되어 우리 몸으로 흡수돼요. 이렇게 흡수된 영양소는 우리 몸의 에너지원으로 쓰이는데요, 섭취한 음식이 쓰이는 에너지보다 많으면 남은 에너지가 지방으로 변해 몸에 쌓여 살이 찌게 되고, 반대로 섭취한 음식이 쓰이는 에너지보다 적으면 살이 빠지게 되지요.

KEEP READING! 영어로 더하는 새로운 지식 한 페이지

If you make small, simple changes, it's easier to reduce the amount of sugar you eat. Start by eating more fruits and vegetables. Drink more water. Check food labels, and pick those that don't have a lot of sugar. Cut out a little bit of sugar each week. After a few weeks, you'll be amazed at how little you miss it. Many drops make a shower. Eating protein is another way to cut down on sugar. High-protein foods digest more slowly and keep you feeling full for longer. Protein doesn't make your blood sugar increase as much as sugars do. Because they don't raise your blood sugar, there's no huge feeling of hunger later. Pick proteins like eggs, low-fat yogurt, beans, or nuts. If you tried all these but still want some sweets, it's okay. You don't have to give up sweetness. Just get it from other sources. Try fresh fruits or dried fruits. A glass of low-fat milk or low-sugar yogurt can also help.

*protein 단백질

**blood sugar 혈당

독해가 더 쉬워지는 Tip

cut down on : ~을 줄이다

I need to **cut down on** sleep. I slept 13 hours yesterday.
(나는 잠을 **줄여야 한다**. 나는 어제 13시간 잤다.)

정답 및 해설 p.40

1 **Which of the following is the best topic of the passage?**

① how to lose weight in a short time
② ways to reduce the amount of sugar we eat
③ how to make healthy meal plans
④ the reasons that we have to eat regularly
⑤ why we should avoid fast food

2 **이 글의 내용과 일치하면 T, 그렇지 않으면 F를 쓰세요.**

(1) 설탕 섭취량은 단번에 줄이는 것이 효과적이다. ________
(2) 고단백 음식은 더 오래 포만감을 준다. ________
(3) 단백질은 설탕만큼 혈당을 높이지 않는다. ________

3 **다음 중 설탕 섭취를 줄이는 방법으로 언급되지 않은 것을 고르세요.**

① 과일과 채소를 더 먹어라.
② 식품 라벨을 보고 첨가물을 확인해라.
③ 비타민 제품을 섭취해라.
④ 단백질을 먹어라.
⑤ 저지방 우유나 요거트를 먹어라.

4 **다음 빈칸 (A)와 (B)에 공통으로 들어갈 단어를 본문에서 찾아 쓰세요.**

(1) His mobile phone will be impossible to fix if he ____(A)____ it on the ground again.
(2) A few ____(B)____ of water made my printed report hard to read.

____

5 **다음 영영 뜻풀이에 해당하는 단어를 이 글에서 찾아 쓰세요.**

very large in size, amount, or degree

____

reduce 줄이다, 축소하다 / **amount** 양, 액수 / **shower** 소나기 / **cut down on** ~을 줄이다 / **digest** 소화하다, 소화시키다 / **increase** 증가하다, 인상되다 / **raise** (양, 수준 등을) 올리다, 높이다 / **hunger** 배고픔 / **low-fat** 저지방의 / **bean** 콩 / **nut** 견과 / **low-sugar** 당분이 적은
선택지 어휘 1 regularly 규칙적으로 **5 degree** 정도

Chapter 06

What to Read	교과 과정 연계
01 스톤헨지	중학 역사1 I 문명의 형성과 고조선의 성립 고등 한국사 - 선사 시대의 문화
02 대화를 잘하는 방법	중1 국어 I 내 마음을 아는지 모르는지 고등 국어1 - 말과 글의 품격
03 몸짓은 같아도 의미는 다르다	중학 사회1 I 문화를 바라보는 태도 고등 통합사회 - 문화와 다양성
04 피부 화상 때문에 목숨을 잃을 수도 있다고요?	중2 과학 I 생물의 생장 고등 생명 과학1 - 세포와 세포 분열

역사 01 스톤헨지

국어 02 대화를 잘하는 방법

사회 03 몸짓은 같아도 의미는 다르다

과학 04 피부 화상 때문에 목숨을 잃을 수도 있다고요?

What to Learn	독해가 더 쉬워지는 Tip
우리나라의 선사시대 유물인 고인돌처럼, 거대한 돌로 만들어진 영국의 스톤헨지에 대해 자세히 알아봐요.	know for sure
의사소통을 잘하기 위해서는 상대방의 말을 잘 들어줘야 해요. 어떻게 하면 잘 들어줄 수 있을까요?	pay attention (to A) put oneself in[into] a person's shoes
보디랭귀지를 통해 다른 나라 사람들과 의사소통을 하는 것이 가능하지만, 모두 다 같은 의미는 아니기 때문에 주의해야 해요.	either A or B familiar with
우리의 피부는 심각한 화상을 입으면 목숨을 잃을 정도로 매우 중요한 역할을 하고 있어요.	the+비교급, the+비교급

스톤헨지

교육부 지정 중학 필수 어휘

정답 및 해설 p.42

site	명 **위치, 장소**
wide	형 1. 폭이 넓은 2. **폭이 ~인** 3. (면적이) 넓은, 광대한
weigh	동 1. **무게가 ~이다** 2. 무게[체중]를 달다
reason	명 1. **이유, 까닭** 2. 근거
period	명 1. **기간, 시기** 2. (역사상 어떤 특색을 가진) 시대
traditionally	부 **전통적으로**

아래 해석을 참고하여 다음 각 빈칸에 적절한 단어를 위의 목록에서 골라 쓰세요. (동사의 시제와 명사의 수에 유의)

1 Kate ______________ less than her younger sister. She started to exercise to gain some weight.

2 His piano skill got better in a very short ______________ of time.

3 Everyone in my family ______________ wears Hanbok on Lunar New Year's Day.

4 The ______________ why I went to the shop was to get my mom's gift.

5 The ______________ was a perfect place to have our party.

6 The new sidewalk in the city is about 2 meters ______________.

해석 1 케이트는 자신의 여동생보다 몸무게가 덜 나간다. 그녀는 몸무게를 늘리기 위해 운동을 시작하였다. 2 그의 피아노 실력은 아주 짧은 기간에 더 좋아졌다. 3 우리 가족 모두는 전통적으로 설날에 한복을 입는다. 4 내가 상점에 간 이유는 어머니의 선물을 사기 위해서였다. 5 그 장소는 우리가 파티하기에 최적의 장소였다. 6 그 도시의 새로 생긴 인도는 대략 폭이 2미터이다.

우리나라의 선사시대 유물로 유명한 것 중 하나가 고인돌이에요. 큰 돌을 쌓아 만든 무덤으로, '괴어 있는 돌'이라는 뜻이지요. 고인돌 중에는 돌의 무게가 80톤에 달하는 것도 있어요. 고인돌 안에서는 사람 뼈 외에 다양한 청동기 시대 유물이 발견되기도 하는데, 그 reason은 죽은 사람이 사용하던 물건도 함께 묻었기 때문인 것으로 추측되고 있어요.

우리나라의 고인돌처럼 거대한 돌로 만들어진 유적이 다른 나라에서도 발견되곤 하는데요, **그 중 영국의 스톤헨지(Stonehenge)는 아직도 수수께끼로 남아 있는 곳이에요.** 몇몇 사람들은 외계인들이 만들었다고 하고, 또 어떤 사람들은 중세 시대 때 마녀나 마법사들이 세웠다고 해요. 하지만 아직까지 스톤헨지에 대해 정확하게 밝혀진 것은 거의 없어요.

SEE THE NEXT PAGE! »

1 **밑줄 친 reason에 해당하는 우리말을 고르세요.**

① 이유, 까닭 ② 기간, 시기 ③ 위치, 장소

2 **굵게 표시한 부분과 일치하도록 아래 단어를 알맞게 배열하여 문장을 완성하세요.**

Among them, England's Stonehenge is still ______________________
__________. (mystery / as / a / left)

교과서 지식 Bank

중학 역사1 - 고인돌

고인돌은 죽은 사람을 위한 무덤으로, 거대한 돌을 운반하여 만들었어요. 그 과정에서 많은 사람들이 동원되었기 때문에 당시 사회에 권력을 가진 지배자의 무덤이었음을 알 수 있지요.

The Stonehenge site includes a large ring of standing stones. Each stone is about 4 meters high and 2 meters wide. They weigh about 25 tons each. The stones have been standing there for thousands of years. Where did the stones come from? Who put them there? What's the reason for them to be there? We don't know the answers for sure, but experts have two ideas. They believe Stonehenge was built for a religious ceremony or to watch space.

Many visitors come to Stonehenge on the first day of summer. It is between June 20 to June 22 and has the longest period of daytime. Traditionally, it is a time of sun, light, food, and hot weather. In the past, summer was always a good time to find food. Nowadays, people from all over England visit Stonehenge to celebrate the season. They usually stay up all night and watch the sun come up.

*religious 종교의

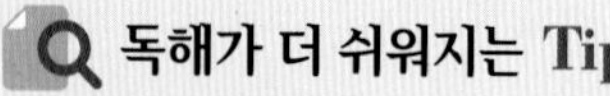

독해가 더 쉬워지는 Tip

know for sure : 확실히 알다

I **know** the answer **for sure**. I learned it last year.
(나는 정답을 **확실히 안다**. 나는 작년에 그것을 배웠다.)

I heard the rumor too, but no one seems to **know for sure** about it.
(나도 소문을 들었지만, 아무도 그것에 대해 **확실히 알지** 못하는 것 같다.)

1 **Which of the following is the best topic of the passage?**

① famous tourist sites in the world
② some special stones in England
③ a famous palace in England
④ the oldest stones in the world
⑤ an English summer celebration

2 **다음 중 이 글의 내용과 일치하지 않는 것을 고르세요.**

① 스톤헨지 돌들은 수천 년 동안 그곳에 있었다.
② 아무도 스톤헨지에 관한 정확한 정보를 알지 못한다.
③ 많은 관광객들이 여름의 첫째 날 스톤헨지를 찾는다.
④ 과거에 여름은 음식을 찾기에 좋은 계절로 여겨졌다.
⑤ 관광객들은 가정을 위한 기도를 하려고 스톤헨지를 방문한다.

3 **스톤헨지가 세워진 이유에 대한 전문가들의 의견 두 가지를 우리말로 쓰세요.**

______________________, ______________________

4 **다음 빈칸 (A)와 (B)에 공통으로 들어갈 단어를 본문에서 찾아 쓰세요.**

(1) My feet are ___(A)___. So I have to wear one size bigger.
(2) The TV screen is about 30 inches ___(B)___. It is a perfect size to watch a movie.

____

5 **다음 영영 뜻풀이에 해당하는 단어를 이 글에서 찾아 쓰세요.**

ⓐ to have a particular weight
ⓑ to measure how heavy someone or something is

____

include 포함하다 / **ring** 원, 원형 / **for sure** 확실히, 틀림없이 / **expert** 전문가 / **ceremony** 식, 의식 / **space** 우주 / **daytime** 낮 / **celebrate** 축하하다, 기념하다 / **usually** 보통, 대개 / **stay up all night** 밤을 꼴딱 새우다, 철야하다
선택지 어휘 1 **tourist site** 관광지 / **celebration** 기념[축하] 행사 **5** **particular** 특정한

02

대화를 잘하는 방법

교육부 지정 중학 필수 어휘 

정답 및 해설 p.43

attention	명 1. **주의, 집중, 주목** 2. 관심, 흥미
nod	동 (고개를) **끄덕이다, 까딱하다** 명 (고개를) 끄덕임
concentrate	동 **집중하다, 전념하다** 명 농축액
effective	형 **효과적인**
interrupt	동 **방해하다, 가로막다**
role	명 **역할**

아래 해석을 참고하여 다음 각 빈칸에 적절한 단어를 위의 목록에서 골라 쓰세요. (동사의 시제와 명사의 수에 유의)

1 The students ________________ on studying for their exams during exam week.

2 My ________________ is cooking, and your job is to clean dishes.

3 She turned her ________________ to the television again.

4 He ________________ his head after he understood the story.

5 Don't ________________ me while I am painting. I have to finish this by tonight.

6 Exercising is one of the most ________________ ways to keep yourself healthy.

해석 1 그 학생들은 시험 기간 동안 시험 공부에 전념했다. 2 나의 역할은 요리하는 것이고 너의 일은 설거지를 하는 것이다. 3 그녀는 다시 텔레비전으로 주의를 돌렸다. 4 그는 이야기를 이해한 후, 고개를 끄덕였다. 5 내가 페인트칠하는 동안 방해하지 마. 이것을 오늘 밤까지 끝내야 해. 6 운동하는 것은 너 자신을 건강하게 유지하는 가장 효과적인 방법 중 하나이다.

 정답 및 해설 p.43

대화란 사람들 사이에서 이야기가 오가는 것을 말해요. 사람들은 대화를 통해서 자기 생각과 기분을 표현하죠. 그래서 대화를 나눈다는 것은 다른 사람들과 정보를 주고받으며 소통하는 것과 같은 의미예요. 대화를 하려면 말하는 사람 외에 이야기를 들어주는 사람이 필요하겠죠? 하지만 어떤 사람들은 말을 하는 것만 중요하게 생각하고 들어주는 이의 role이 얼마나 중요한지는 이해하지 못해요. **대화를 잘하기 위해서는 상대방의 말을 주의 깊게 들어주어야 한답니다.** 이야기를 잘 들어준다는 건 단순하고 쉬워 보일 수도 있지만 여기에도 많은 노력과 연습이 필요해요.

SEE THE NEXT PAGE! »

1 **밑줄 친 role에 해당하는 우리말을 고르세요.**

① 집중 ② 끄덕임 ③ 역할

2 **굵게 표시한 부분과 일치하도록 아래 단어를 알맞게 배열하여 문장을 완성하세요.**

In order to have a good conversation, ______________________________ ______________________________ carefully. (person / should / to / the / listen / other / you)

교과서 지식 Bank

중1 국어 - 공감을 이끌어내는 대화

「내 마음을 아는지 모르는지」라는 성장 소설은 현정이라는 사춘기 소녀가 짝사랑하는 우진이에게 마음을 제대로 전하지 못하고 갈등 관계에 놓이게 되는데, 대화를 통해 상대방의 입장과 처지를 이해하고 갈등을 극복하는 이야기예요. 이 과정을 통해, 공감을 이끌어내는 대화의 중요성을 잘 보여주고 있는 작품이랍니다.

The most important part of listening is to pay attention. Make eye contact with the other person and nod. Eye contact shows that you are concentrating and understanding. Nodding is a sign that you understand the story. Saying little things such as "Yeah" or "Wow" is another effective way to show you are paying attention. But you have to say them carefully. You don't want to seem like you are interrupting. If you want to ask questions or say something, be patient. Remember, your role is to listen to the other person carefully.

If you want to become a good and active listener, you also have to avoid a few things, too. When it's your turn to speak, do not use "I" or "me" too often. You have to put yourself in the speaker's shoes. This means you have to look at the situation in the same way he does. You also need to watch your body language. Shaking your leg, picking at your nails, or crossing your arms can make you look like you are not interested.

독해가 더 쉬워지는 Tip

pay attention (to A) : (A에) 주목하다, (A에) 주의를 기울이다

Pay attention to our guest! She is about to introduce herself.
(**손님에게 주목해주세요**! 그녀가 자기소개를 하려고 합니다.)

put oneself in[into] a person's shoes : 남의 입장이 되어 생각하다

Put yourself in my shoes first before you say you can't understand me.
(네가 나를 이해하지 못하겠다고 말하기 전에 **내 입장이 되어** 먼저 **생각해봐**.)

정답 및 해설 p.43

1 Which of the following is the best topic of the passage?

① ways to be an interesting person to talk with
② ways to be a good friend
③ ways to be a good listener
④ ways to be a popular student
⑤ ways to have a good interview

2 다음 중 이 글의 내용과 일치하지 않는 것을 고르세요.

① 대화를 나눌 때의 눈 맞춤은 집중한다는 뜻이다.
② 이야기를 들을 때 고개를 끄덕이는 것은 이해의 표시이다.
③ '그래' 또는 '와' 같은 짧은 말은 조심해서 해야 한다.
④ 이야기를 듣다가 질문이 생기면 바로 묻는 것이 좋다.
⑤ 말할 때 '나'라는 말을 너무 자주 하지 않는 것이 좋다.

3 다음 빈칸 (A)와 (B)에 공통으로 들어갈 단어를 본문에서 찾아 쓰세요.

(1) She's busy, but she will ____(A)____ if she sees me.
(2) He gave a ____(B)____ to his son to signal that he was allowed to play outside.

____

4 다음 중 청자가 주의해야 할 몸짓 언어로 언급되지 않은 것을 모두 고르세요. (2개)

① 상대편 쪽으로 몸을 기울인다.
② 다리를 떨지 않는다.
③ 손톱을 만지작거리지 않는다.
④ 자신의 머리를 만지지 않는다.
⑤ 팔짱을 끼지 않는다.

5 다음 영영 뜻풀이에 해당하는 단어를 이 글에서 찾아 쓰세요.

able to change something or make something happen

____

pay attention 주목하다, 주의를 기울이다 / **eye contact** 눈 맞춤 / **sign** 신호, 징조 / **patient** 참을성 있는, 인내심 있는 / **active** 적극적인 / **avoid** 피하다 / **turn** 순서, 차례 / **put oneself in[into] a person's shoes** 남의 입장이 되어 생각하다 / **situation** 상황 / **body language** 몸짓 언어, 보디랭귀지 / **pick at A** A를 만지다 / **cross one's arms** 팔짱을 끼다

사회 | 문화를 바라보는 태도

몸짓은 같아도 의미는 다르다

교육부 지정 중학 필수 어휘

정답 및 해설 p.45

positive	형 1. **긍정적인, 낙관적인** 2. 확신하고 있는, 자신 있는
express	동 **나타내다, 표현하다** 형 급행의, 신속한
rude	형 **무례한, 예의 없는**
similarly	부 1. 비슷하게, 유사하게 2. **마찬가지로**
face	명 1. 얼굴 2. 표정 동 **마주 보다, 향하다**
offensive	형 1. **모욕적인, 불쾌한** 2. 공격(용)의, 공격적인

아래 해석을 참고하여 다음 각 빈칸에 적절한 단어를 위의 목록에서 골라 쓰세요. (동사의 시제와 명사의 수에 유의)

1 Because the show was ________________, many people left before the ending.

2 The boy was very ________________. He was screaming at his mom.

3 She draws pictures to ________________ her feelings.

4 Making a new park would be a ________________ thing for the city.

5 The skater won a gold medal in the single event. ________________, she won another gold medal in the team event.

6 A tall building is ________________ my apartment. You can see it through the window.

해석 1 그 영화가 불쾌했기 때문에 많은 사람들은 결말 전에 떠났다. 2 그 소년은 매우 무례했다. 그는 자신의 엄마에게 소리 지르고 있었다. 3 그녀는 자신의 감정을 나타내기 위해 그림을 그린다. 4 새로운 공원을 만드는 것은 그 도시에 긍정적인 일일 것이다. 5 그 스케이트 선수는 개인전에서 금메달을 땄다. 마찬가지로, 그녀는 단체전에서도 금메달을 땄다. 6 고층 건물이 나의 아파트를 마주 보고 있다. 당신은 창문으로 그것을 볼 수 있다.

 정답 및 해설 p.45

보디랭귀지는 전 세계 공용어라는 말이 있어요. 언어를 잘 모르는 나라에 가더라도 보디랭귀지를 통해 그 나라 사람들과 의사소통을 할 수 있지요. 하지만 모든 보디랭귀지가 어디에서나 같은 의미로 쓰이는 것은 아니에요. 나라마다 문화와 사고방식이 다르기 때문에 우리에겐 익숙한 것도 다른 나라 사람들에게는 생소할 수 있고, 또 경우에 따라서는 rude한 행동으로 해석될 수도 있거든요. 먼저, 손으로 "OK"를 만들어보세요. 검지와 엄지를 붙여 동그랗게 만들고 나머지 세 손가락은 폈나요? 그럼 이번엔 "V"를 만들어보세요. 검지와 중지를 펴고 나머지 세 손가락은 접었나요? 지금 만들어본 이 두 가지 보디랭귀지가 나라마다 어떤 의미를 나타내는지 한번 알아봐요.

SEE THE NEXT PAGE! »

1 밑줄 친 rude에 해당하는 우리말을 쓰세요.

____

2 이 글의 내용과 일치하면 T, 그렇지 않으면 F를 쓰세요.

(1) 우리는 보디랭귀지로 의사소통을 할 수 있다. ______

(2) 모든 보디랭귀지는 전 세계 공통 언어이다. ______

(3) 나라마다 특유의 문화와 사고방식을 갖고 있다. ______

교과서 지식 Bank

중학 사회1 - 문화 상대주의

한 사회의 문화는 자연환경이나 역사적 경험 등에 따라 오랜 기간에 걸쳐 축적되어 온 생활의 결과이며, 나름의 가치와 의미를 가지고 있어요. 따라서 어떤 문화를 제대로 이해하려면 열린 마음으로 그 사회 구성원의 삶의 경험과 관점에서 판단하고 해석해야 한답니다. 이러한 문화 이해의 태도를 문화 상대주의라고 해요.

KEEP READING! 영어로 더하는 새로운 지식 한 페이지

The OK sign has many different meanings. In most English-speaking countries, this sign has a positive meaning. It means "okay" or "good." It's also understood in a positive way in Argentina. In Asian countries, the gesture means something different. It can be used to express something about money or coins, or even the number 3. The OK sign is used in a positive way in many places. But be careful when you are in France. It is a rude gesture.

Similarly, there are two ways to make the V sign. You can show either the back or the inside part of your hand to others. Both ways are fine in the U.S. Both refer to "victory" or "peace." Most people are more familiar with the gesture as a sign of peace. During the Vietnam War, many people used the sign while saying "peace." However, using the sign with the back of the hand facing another person can be offensive in the U.K. and Australia. It is very insulting, and you could get in big trouble.

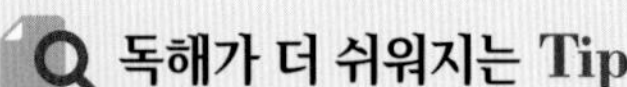

독해가 더 쉬워지는 Tip

either A or B : A 또는 B, A 아니면 B

You can choose **either hamburgers or pizza**. I don't mind.
(너는 **햄버거 아니면 피자**를 고를 수 있어. 나는 상관없어.)

familiar with : ~에 친숙한, 익숙한

I moved here when I was young. I am **familiar with** the area.
(나는 어릴 때 이곳에 이사 왔다. 나는 지역**에 친숙하다**.)

1 **Which of the following is the best title of the passage?**

① The Body Language That Is Used around the World
② The Body Language That Was Used in the Past
③ The Cultural Differences in Asia and Europe
④ The History of Body Language
⑤ Gestures That Have More Than One Meaning

2 **다음 중 이 글의 내용과 일치하지 않는 것을 고르세요.**

① 오케이 표시는 나라별로 다른 의미를 갖고 있다.
② 오케이 표시가 숫자 3을 뜻하는 나라도 있다.
③ 프랑스에서 V 표시는 무례한 몸짓이다.
④ 미국에서 V 표시는 '승리'나 '평화'를 뜻한다.
⑤ V 표시는 베트남 전쟁 때에도 사용되었다.

3 **Which of the following is an offensive gesture in the U.K. and Australia?**

① 상대방에게 ○ 표시를 하는 것
② 상대방에게 손바닥을 펴고 인사하는 것
③ 상대방에게 엄지손가락을 세우는 것
④ 상대방에게 손등을 향한 채로 V 표시를 하는 것
⑤ 상대방을 새끼손가락으로 가리키는 것

4 **다음 빈칸 (A)와 (B)에 공통으로 들어갈 단어를 본문에서 찾아 쓰세요.**

(1) Barking is one of the ways dogs ___(A)___ how they feel.
(2) I will take an ___(B)___ subway. Then I will be there on time.

____

5 **Find the word in the passage which has the given meanings.**

ⓐ believing that good things will happen or that a situation will get better
ⓑ completely certain, sure

____

sign 몸짓, 신호, 표시 / **meaning** 뜻, 의미 / **mean** 뜻하다, 의미하다 / **gesture** 몸짓, 제스처 / **coin** 동전 / **either A or B** A 또는 B, A 아니면 B / **refer to A** A를 나타내다, A와 관련 있다 / **victory** 승리 / **familiar with** ~에 친숙한, 익숙한 / **the U.K.** 영국 《the United Kingdom의 줄임말》 / **Australia** 호주 / **insulting** 모욕적인 / **get in trouble** 곤란에 처하다
선택지 어휘 4 **bark** (개가) 짖다 5 **completely** 완전히

피부 화상 때문에 목숨을 잃을 수도 있다고요?

교육부 지정 중학 필수 어휘

정답 및 해설 p.47

cell	명 1. **세포** 2. 감방, 독방
form	명 1. 종류, 유형 2. 형태 동 **형성하다, 구성하다**
structure	명 1. **구조** 2. 체계, 짜임새 동 조직하다, 구조화하다
prevent	동 **막다, 방지하다**
immediate	형 **즉각적인**
plenty	대 **풍부[충분]한 양** ※ **plenty of** 많은, 풍부한(= lots of) 부 많이 명 (돈 · 식량 등이) 풍요로움[풍성함]

아래 해석을 참고하여 다음 각 빈칸에 적절한 단어를 위의 목록에서 골라 쓰세요. (동사의 시제와 명사의 수에 유의)

1 All living things are made up of millions of ________________.

2 Check the stove before you leave. You can ________________ fires in the home.

3 I can give you one of my candies. I have ________________ of them in my pocket.

4 When she asked her son about the window, he gave her an ________________ answer, "I didn't do it!"

5 The students ________________ a line behind their teacher.

6 My uncle designed the ________________ of this building. He wanted people to feel comfortable when they enter the building.

해석 1 모든 살아있는 것들은 수많은 세포들로 이루어져 있다. 2 떠나기 전에 난로를 확인해. 너는 집에 불이 나는 것을 방지할 수 있다. 3 너에게 내 사탕을 하나 줄 수 있다. 나는 주머니에 그것이 많이 있다. 4 그녀가 아들에게 창문에 대해 물었을 때 그는 바로 즉각적인 대답을 했다. "제가 하지 않았어요!" 5 학생들은 선생님 뒤에서 줄을 형성했다. 6 우리 삼촌이 이 빌딩의 구조를 디자인했어. 삼촌은 사람들이 건물에 들어왔을 때 편하게 느끼도록 해주고 싶으셨어.

 정답 및 해설 p.47

우리 몸은 불이나 뜨거운 물, 수증기, 그리고 심지어 햇빛에 의해서도 화상을 입을 수 있어요. 화상을 입게 되면 순식간에 부풀어 오르는 물집과 살갗의 화끈거리는 느낌 때문에 매우 큰 고통을 느끼게 되죠. 우리 피부는 가장 바깥쪽의 표피와 안쪽의 진피라고 불리는 두 개의 층으로 이루어져 있는데, 어느 부분에 화상을 입느냐에 따라 화상의 정도를 1도에서 4도로 구분해요. 그런데 피부의 1/3이 넘는 범위에 화상을 입게 되면 목숨을 잃을 수도 있다는 무시무시한 사실을 알고 있나요? 피부가 우리 몸속 주요 장기도 아닌데 왜 목숨을 잃는 끔찍한 일이 벌어지는 걸까요?

SEE THE NEXT PAGE! »

1 **이 글의 내용과 일치하면 T, 그렇지 않으면 F를 쓰세요.**

(1) 우리 피부는 표피와 진피 두 개의 층으로 이루어져 있다. ________

(2) 화상의 정도는 1도에서 3도로 구분한다. ________

(3) 피부의 1/3이 넘는 범위에 화상을 입으면 목숨을 잃을 수도 있다. ________

2 **굵게 표시한 부분과 일치하도록 아래 단어를 알맞게 배열하여 문장을 완성하세요.**

________________________ by fire, hot water, steam, and even sunlight. (get / our / burned / body / can)

중2 과학 - 체세포 분열

우리 몸은 체세포 분열을 통해 세포 수가 늘어나 몸이 생장해요. 어릴 때는 체세포 분열이 활발하게 일어나 빠르게 생장하고, 성인이 되면 세포의 분열 속도가 느려지다가 생장이 멈추게 되지요. 몸에 상처가 나면 상처 부위에서 체세포 분열이 일어나 손상된 세포가 교체되면서 상처가 아물게 돼요. 이처럼 사람은 체세포 분열을 통해 생장하고, 늙거나 손상된 세포가 젊은 세포로 교체되어 건강을 유지할 수 있답니다.

KEEP READING! 영어로 더하는 새로운 지식 한 페이지

When people get burned, one of the biggest problems is dehydration. Can you guess why? The outer layer of your skin is made up of special cells. (①) Over time, these cells die naturally. After that, the dead cells form a wall on the surface of the outer layer of your skin. This protects your skin. (②) This wall has a very unique structure. It is as waterproof as plastic! This prevents water from leaving your body through your skin. However, when the outer layer of your skin gets burned, it doesn't work well. (③) Without this protective covering, the body quickly loses water. The worse the burn is, the more water is lost. (④) Dehydration can be very serious and even cause death. If more than one-third of your skin is burned, you are in great danger. (⑤) You have to get immediate care from a doctor! And after any burn, make sure to rest and drink plenty of water.

*dehydration 탈수증

독해가 더 쉬워지는 Tip

the+비교급, the+비교급 : ~하면 할수록 더 …하다

The more you laugh, **the happier** you will be.
(당신이 **더 많이** 웃을**수록**, 당신은 **더** 행복**해 질** 것이다.)

1 Which of the following is the best topic of the passage?

① how to treat burns
② why burns are dangerous
③ the proper care for burns
④ how to prevent getting burns
⑤ how to keep healthy skin

2 다음 중 이 글의 내용과 일치하지 않는 것을 고르세요.

① 피부 바깥층의 세포들은 시간이 지나면 저절로 죽는다.
② 죽은 세포가 만든 벽은 방수 기능을 한다.
③ 화상 피부는 물을 저장하는 기능이 더 활발해진다.
④ 탈수증 때문에 목숨을 잃을 수도 있다.
⑤ 화상을 입으면 휴식을 취해야 한다.

3 이 글의 내용과 일치하도록 아래 빈칸 (A)와 (B)에 들어갈 말이 바르게 짝지어진 것을 고르세요.

If the ___(A)___ is worse, more ___(B)___ will be lost from the body.

	(A)		(B)
①	cold	……	fat
②	disease	……	energy
③	pain	……	muscle
④	burn	……	water
⑤	suffering	……	sweat

4 Where would the following sentence best fit?

It can no longer keep water from leaving the body.

① ② ③ ④ ⑤

5 다음 영영 뜻풀이에 해당하는 단어를 이 글에서 찾아 쓰세요.

happening right away

---

burn 화상을 입다; 화상 / **outer** 바깥의, 외부의 / **layer** 층 / **naturally** 저절로, 자연스럽게 / **surface** 표면 / **protect** 보호하다 / **unique** 독특한 / **waterproof** 방수의 / **covering** ~을 덮는 막[층] / **serious** 심각한 / **rest** 휴식을 취하다
선택지 어휘 1 **treat** 치료하다, 처치하다 / **proper** 적절한, 제대로 된 3 **suffering** 고통 / **sweat** 땀 5 **right away** 곧바로

MEMO

MEMO

imagine

교과서 지식으로 영문 독해를 자신 있게!

리딩 릴레이

중학 사회2 | 글로벌 경제와 지역 변화

Starbucks will afford you with the same cup of coffee no matter where you get your drink, but at different prices.

중1 국어 | 내 마음을 아는지 모르는지

The most important part of listening is to pay attention. Make eye contact with the other person and nod.

wonder

READING RELAY

중학 사회2 | 국민 경제와 경제 성장

This is because a sin tax is actually just a tax on things that have a negative effect on society.

중학 역사1 | 진·한 통일 제국의 성립

He recorded the process of paper making and showed the finished product to the king.

direction

CHALLENGER

①

various

The paper made from papyrus was used to record important information about math, medicine, prayers, and folk tales.

impressive

A>B A<B A≠B A≤B A≥B

중학 사회2 | 환경 문제와 지속 가능한 환경

Local food doesn't have to travel far to arrive on your plate, so it helps reduce greenhouse gases.

정답 및 해설

쎄듀

교과서 지식으로 영문 독해를 자신 있게!

리딩 릴레이

READING RELAY

정답 및 해설

CHALLENGER

Chapter 01

01 [국어 | 스스로 읽는 즐거움] 상자를 열지 마시오

본문 p.12~15

교육부 지정 중학 필수 어휘
1 lock 2 empty 3 warning 4 harmful 5 lid 6 tiny 7 completely

START READING!
1 해로운, 유해한 2 (1) T (2) F (3) T

KEEP READING!
1 ④ 2 ② 3 ⑤ 4 lid 5 empty

KEEP READING! 해설

1 지문에 가장 적절한 제목을 고르는 문제이다. 판도라가 제우스에게 받은 상자에 관한 이야기이므로 정답은 ④이다.
① 제우스와 판도라의 사랑
② 프로메테우스와 에피메테우스에 관한 이야기
③ 제우스와 에피메테우스의 싸움
④ 판도라의 상자 이야기
⑤ 제우스가 인간들에게 보낸 선물

2 판도라에게 상자를 건네준 사람은 제우스이며, 프로메테우스는 에피메테우스에게 제우스로부터의 선물은 인간에게 해롭다고 경고했다고 설명되고 있다. 세상의 온갖 나쁜 것들이 상자 안에 있었고, 그중 마지막으로 나온 것은 희망이라는 작은 벌레라고 언급하고 있다. 제우스가 프로메테우스에 대한 일은 유감이라고 했지만, 제우스와의 관계는 언급되지 않았으므로 정답은 ②이다.

3 상자에서 나와서 자신의 자유에 대해 판도라에게 감사했던 것은 작은 벌레 '희망'이므로 ⓔ는 '희망'을 가리키며 나머지는 에피메테우스를 가리킨다. 정답은 ⑤이다.

4 (1) 그 병의 (A) 뚜껑이 너무 꽉 닫혀있어. 그것을 열 수 없어.
(2) 그녀는 오른쪽 눈의 (B) 눈꺼풀을 계속 깜빡이고 있다. 그녀의 눈에 무언가 들어간 게 틀림없다.
첫 번째 문장의 (A)는 '뚜껑'이라는 말이 들어가고, 두 번째 문장의 (B)는 '눈꺼풀'이라는 말이 들어가야 적절하므로 정답은 lid(뚜껑; 눈꺼풀)이다.

5 '안에 아무것도 없는'이라는 의미이므로 정답은 empty(비어있는, 빈)이다.

끊어서 읽기

판도라는 한 상자를 가지고 있었다 // 그리고 그것은 잠겨있었다. 제우스는 판도라에게 열쇠를 주었다 /
1 Pandora had a box // and it was locked. 2 Zeus gave Pandora a key /

그리고 그녀에게 말했다 / 그 상자를 열지 말라고. 나중에 제우스의 아들인 헤르메스는 /
and told her / not to open the box. 3 Later, Hermes, son of Zeus, /

판도라를 에피메테우스에게 데려갔다 / 그리고 말했다 // "위대하신 제우스께서 당신의 형인
took Pandora to Epimetheus / and said, // "Mighty Zeus feels sorry

프로메테우스에 대해 유감으로 생각하십니다. 그래서 그가 당신에게 판도라를 보내고 싶어 하십니다.
about your brother, Prometheus. 4 So, he wants to give you Pandora.
to+동사원형 (~하는 것을)

당신은 더 이상 외롭지 않을 것입니다." 에피메테우스는 그녀와 사랑에 빠졌다 /
5 You will not be lonely any longer." 6 Epimetheus fell in love with her /

어휘 확인하기

lock 잠그다; 자물쇠, 잠금장치
mighty 위대한, 대단한
feel sorry about ~에 대해 유감으로 생각하다
fall in love with ~와 사랑에 빠지다
at first sight 첫눈에
completely 완전히, 완벽히
warning 경고, 주의
harmful 해로운, 유해한
curious 궁금한, 호기심이 많은

첫눈에 / 그리고 그녀와 결혼했다. 그러나 그는 완전히 잊어버렸다 / 그의 형의 경고를
at first sight / and married her. [7] But he completely forgot / his brother's

/ 제우스에 대한: "제우스로부터의 선물은 / 인간에게 해롭다. 너는
warning / about Zeus: [8] "A gift from Zeus / is harmful to humans. [9] You

어떤 선물이든 돌려보내야 한다 / 제우스에게."
must return any gift back / to Zeus."

어느 날 / 판도라는 매우 궁금했다 // 그리고 그녀는 그만 생각할 수 없었다 /
[10] One day, / Pandora was very curious // and she couldn't stop thinking /

그 상자에 대해서. 그래서 그녀는 상자를 열었다 / 열쇠로. 그녀가 뚜껑을
about the box. [11] So, she opened the box / with the key. [12] As she raised
(~할 때)

들어 올렸을 때 // 모든 나쁜 것들이 / 세상에 / 시기, 아픔, 증오, 그리고 질병과 같은
the lid, // all the bad things / in the world, / such as envy, sickness,

/ 나왔다. 그녀는 재빨리 상자를 닫았다 // 그러나 그것은
hate, and disease, / came out. [13] She quickly closed the box, // but it

이미 너무 늦었다. 판도라는 울기 시작했다 // 그리고 에피메테우스가 왔다.
was already too late. [14] Pandora started crying, // and Epimetheus came.
-ing (~하는 것을)

"무슨 일이오?" // 그가 물었다 // 그리고 그녀는 그에게 빈 상자를 보여 주었다.
[15] "What happened?" // he asked, // and she showed him the empty box.

그러나 / 그녀가 그 상자를 다시 닫기 전에 // 아주 작은 벌레 한 마리가 날아서 나왔다.
[16] However, / before she closed the box again, // a tiny bug flew out.

그는 미소를 지었다 / 그리고 그녀에게 감사했다 / 그의 자유에 대해. 그 작은 벌레는 '희망'이었다.
[17] He smiled / and thanked her / for his freedom. [18] That tiny bug was

그는 중요한 영향을 끼쳤다 / 세상에.
Hope. [19] He made all the difference / in the world.

raise (들어) 올리다
lid 뚜껑, 덮개; 눈꺼풀
such as ~와 같은
envy 시기, 질투
disease 병, 질병
empty 비어있는, 빈; 비우다
tiny 아주 작은
bug 벌레
freedom 자유
make all the difference 중요한 영향을 끼치다

해석 한눈에 보기

[1] 판도라는 한 상자를 가지고 있었고 그것은 잠겨 있었다. [2] 제우스는 판도라에게 열쇠를 주며 그 상자를 열지 말라고 말했다. [3] 나중에 제우스의 아들인 헤르메스는 판도라를 에피메테우스에게 데려가서 말했다. "위대하신 제우스께서 당신의 형인 프로메테우스에 대해 유감으로 생각하십니다. [4] 그래서 그는 당신에게 판도라를 보내고 싶어 하십니다. [5] 당신은 더 이상 외롭지 않을 것입니다." [6] 에피메테우스는 첫눈에 그녀와 사랑에 빠졌고 결혼했다. [7] 하지만 그는 제우스에 대한 자신의 형의 경고를 잊어버렸다. [8] "제우스로부터의 선물은 인간에게 해롭다. [9] 너는 제우스에게 어떤 선물이든 돌려보내야 한다."
[10] 어느 날 판도라는 그 상자에 대해 매우 궁금했고 그만 생각할 수 없었다. [11] 그래서 그녀는 열쇠로 상자를 열었다. [12] 그녀가 뚜껑을 들어 올렸을 때, 시기, 아픔, 증오, 그리고 질병과 같은 세상의 모든 나쁜 것들이 나왔다. [13] 그녀는 재빨리 상자를 닫았지만 이미 너무 늦었다. [14] 판도라는 울기 시작했고 에피메테우스가 왔다. [15] 그가 "무슨 일이오?"라고 묻자 그녀는 그에게 빈 상자를 보여 주었다.
[16] 그러나 그녀가 다시 상자를 닫기 전에 아주 작은 벌레 한 마리가 날아서 나왔다. [17] 그는 미소를 지었고 그녀에게 자신의 자유에 대해 감사했다. [18] 그 작은 벌레는 '희망'이었다. [19] 그는 세상에 중요한 영향을 끼쳤다.

필수 구문 확인하기

[2] Zeus **gave** Pandora a key *and* **told** her **not to open** the box.
(V_1: gave, IO: Pandora, DO: a key, V_2: told, O: her, C: not to open the box)

▸ 여기서 동사 gave는 두 개의 목적어를 취하는 동사이며, told는 목적격보어로 to부정사를 취하는 동사이다. 두 개의 동사는 and로 대등하게 연결되어 있다.

▸ 「not to+동사원형」은 '~하지 말 것'을 의미한다.

02 [과학 | 기권과 우리 생활] 눈송이 아저씨 윌슨 벤틀리

본문 p.16~19

교육부 지정 중학 필수 어휘

1 melt 2 effort 3 method 4 responsible 5 pattern 6 gently

START READING!

1 무늬, 형태, 패턴 2 when he found out

KEEP READING!

1 ② 2 ④ 3 ④ 4 cold, wind, moisture 5 method

KEEP READING! 해설

1 지문에 가장 적절한 제목을 고르는 문제이다. 최초로 눈송이 사진을 찍은 윌슨 벤틀리에 대한 글이므로 정답은 ②이다.
① 최고의 생일 선물, 현미경
② 처음으로 알려진 눈송이 사진작가
③ 눈송이 사진을 찍는 방법들
④ '눈송이 남자'에 대한 옛날이야기
⑤ 윌슨 벤틀리가 가장 좋아하는 겨울 활동

2 지문에 마을 사람들이 벤틀리에게 눈송이 사진을 찍어보라고 권유했다는 내용은 없으므로 일치하지 않는 것은 ④이다.

3 마을 사람들이 벤틀리를 '눈송이 남자'라고 부른 이유를 묻는 문제이다. 마을 사람들은 그가 눈송이를 매우 좋아해서 '눈송이 남자'라고 불렀다(People in the village ~ in love with snowflakes.)고 했으므로 정답은 ④이다.

4 지문에 벤틀리는 추위, 바람, 그리고 습기에 의해 눈송이의 모양이 달라진다는 것을 처음으로 발견해냈다(He also found that ~ for their differences.)는 내용이 있으므로 정답은 cold, wind, moisture이다.

5 '일들을 하는 방법'이라는 의미이므로 method(방법)가 정답이다.

끊어서 읽기

윌슨 벤틀리가 현미경을 가졌을 때 / 그의 열다섯 번째 생일 선물로
[1] When Wilson Bentley got a microscope / for his 15th birthday present,

// 그는 밖으로 나갔다 / 그리고 면밀히 눈송이를 보았다. 그는 그것들을
// he went outside / and closely looked at snowflakes. [2] He wanted

스케치하고 싶었다 // 왜냐하면 그것들이 흥미로운 형태를 가지고 있었기 때문에 // 그러나 눈은 녹았다
to sketch them // because they had interesting designs, // but the snow
to+동사원형 〈~하는 것을〉

// 그가 그것들을 그릴 수 있기 전에. 그때가 ~이다 //
melted // before he could draw them. [3] That's // when he thought of

그가 그것들을 사진 찍는 것에 대해 생각한 때.
taking pictures of them.

그가 열일곱 살이 되었을 때 // 그는 눈송이 사진을 찍기 위해 노력했다 /
[4] When he turned 17, // he tried to photograph a snowflake / with his
try to+동사원형 〈~하려고 노력하다〉

그의 카메라와 현미경으로 // 그러나 그것은 쉽지 않았다. 2년의 노력 후에
camera and microscope, // but it was not easy. [5] After two years of

/ 그는 마침내 눈송이의 세계 첫 번째 사진을 찍었다 /
effort, / he finally took the world's first photograph of a snowflake /

어휘 확인하기

closely 면밀히
snowflake 눈송이
sketch 스케치하다
melt 녹다, 녹이다; (감정 등이) 녹다, 누그러뜨리다
photograph 사진을 찍다, 촬영하다
effort 노력, 수고
finally 마침내
be in love with ~와 사랑에 빠지다
pattern 무늬, 형태, 패턴; 무늬를 만들다[이루다]
cold 추위
responsible 책임지고 있는, 책임이 있는; 원인이 되는
method 방법

1885년에.
in 1885.

그의 마을 사람들은 / 그를 '눈송이 남자'라고 불렀다 // 왜냐하면 그는
6 People in his village / called him 'Snowflake Man' // because he was

눈송이와 사랑에 빠졌기 때문에. 벤틀리는 5,000장 이상의 눈송이 사진을 찍었다 /
in love with snowflakes. 7 Bentley took over 5,000 pictures of snowflakes, /

그리고 알아낸 첫 번째 사람이었다 // 모든 눈송이가
and was the first person to learn // that every snowflake has
to+동사원형 〈~할〉 (~인 것을)

다른 형태를 가지고 있다는 것을. 그는 또한 발견했다 // 추위, 바람, 그리고 습기가
a different pattern. 8 He also found // that cold, wind, and moisture are
(~인 것을)

원인이라는 것을 / 그것들의 차이의.
responsible / for their differences.

오늘날 100년 이상이 지났음에도 불구하고 //
9 Today, even though more than a hundred years have passed, //

과학자들은 여전히 윌슨 벤틀리의 방법을 사용한다 / 눈송이 사진을 찍기 위해
scientists still use Wilson Bentley's method / to photograph snowflakes
to+동사원형 〈~하기 위해〉

// 눈송이가 어두운 표면 위로 떨어질 때 //
— // when a snowflake falls onto a dark surface, // they gently move

그들은 그것을 현미경 아래로 조심히 옮긴다 / 브러시로.
it under the microscope / with a brush.

surface (사물의) 표면, 표층
gently 부드럽게, 약하게, 조심히

해석 한눈에 보기

1 윌슨 벤틀리가 열다섯 번째 생일 선물로 현미경을 갖게 되었을 때, 그는 밖으로 나가 눈송이를 면밀히 보았다. 2 흥미로운 형태를 가졌기 때문에 그는 그것들을 스케치하고 싶었지만, 눈은 그가 그것들을 그리기 전에 녹아버렸다. 3 그때가 그가 눈송이의 사진을 찍는 것에 대해 생각했던 때이다.
4 그가 열일곱 살이 되었을 때, 그는 카메라와 현미경으로 눈송이 사진을 찍기 위해 노력했지만, 그것은 쉽지 않았다. 5 2년의 노력 후에, 그는 마침내 1885년에 세계에서 첫 번째인 눈송이 사진을 찍었다.
6 그가 눈송이와 사랑에 빠졌기 때문에 마을 사람들은 그를 '눈송이 남자'라고 불렀다. 7 벤틀리는 5,000장이 넘는 눈송이 사진을 찍었고, 모든 눈송이가 다른 형태를 가지고 있다는 것을 알아낸 첫 번째 사람이었다. 8 그는 또한 추위, 바람, 습기가 그것들의 차이에 원인이 된다는 것을 발견했다.
9 오늘날 100년 이상이 지났음에도 불구하고, 과학자들은 여전히 눈송이의 사진을 찍기 위해 윌슨 벤틀리의 방법을 사용한다. 눈송이가 어두운 표면 위로 떨어질 때 그들은 그것을 브러시로 현미경 아래로 조심히 옮긴다.

필수 구문 확인하기

7 ~, and was *the first person* [**to learn** that every snowflake has a different pattern].

- to learn 이하는 선행사 the first person을 수식하는 형용사적 용법의 to부정사구이다.
- that은 명사절을 이끄는 접속사로 that 이하는 learn의 목적어 역할을 한다.

03 [수학 | 정수와 유리수의 곱셈과 나눗셈] 구구단의 역사

본문 p.20~23

교육부 지정 중학 필수 어휘
1 counted **2** anxious **3** confident **4** since **5** merchant **6** mastered **7** silent

START READING!
1 the adults could learn **2** (1) F (2) T (3) T

KEEP READING!
1 ② **2** ④ **3** ③ **4** master **5** silent

KEEP READING! 해설

1 신라시대에 아버지에게 구구단을 배운 아들이 시장에 나가 물건값을 계산할 때 구구단을 이용했다는 이야기이므로 정답은 ②이다.

2 아버지에게 구구단을 배운 아들이 농민들에게 구구단과 수학을 가르쳤다는 내용은 언급되지 않았으므로 정답은 ④이다.

3 시장에서 물건값을 바로 계산한 사람은 아들이므로, ⓒ는 아들(the son)을 가리키며 나머지는 가게 주인을 가리키므로 정답은 ③이다.

4 (1) 그는 빵 굽기의 (A) 달인이다. 그는 세계 최고의 빵을 굽는다.
(2) 나는 그 노래를 (B) 완전히 익히기 위해서 그 노래 부르는 것을 연습하고 있다.
첫 번째 문장의 (A)는 '달인'이라는 말이 들어가며, 두 번째 문장의 (B)는 '완전히 익히다'라는 말이 들어가야 하므로, 정답은 master(달인; 숙달하다, 완전히 익히다)이다.

5 '말을 하지 않고 아주 조용한'이라는 의미이므로 정답은 silent(조용한, 침묵하는)이다.

끊어서 읽기

[1] In the Shilla period, a father and a son were sitting / opposite to each other in a room. [2] The father said, // "Son, / you have to learn the multiplication tables // since you are now a grown-up. [3] Now, repeat after me." [4] The son nodded, // but he looked anxious. [5] "We'll start / from the nine times table. [6] Nine times nine is eighty-one. [7] Nine times eight is seventy-two. [8] Nine times seven is sixty-three." [9] "Nine times nine is eighty-one," // the son said with a loud and confident voice. [10] His father quickly stopped him. [11] "Shh! [12] You need to be silent! [13] People outside cannot master / the tables!" [14] A few days later, / the son went to the market // and passed a fruit shop. [15] "These fruits look good. [16] How much are they?" [17] "These, the apples, are 3 won each. [18] Those, the pears, are 4 won each," // the shopkeeper said. [19] "I'll take three apples and two pears [20] How much do I have to pay then?" [21] The seller used his fingers / to count, // but he couldn't answer. [22] "What's taking you so long?

(to count: to+동사원형 〈~하기 위해〉)

신라 시대에 한 아버지와 한 아들이 앉아있었다 / 방에서 서로를 마주보며. 아버지가 말했다 // "아들아 / 너는 구구단을 배워야 한단다 // 너는 이제 어른이기 때문에. 자, 나를 따라 해라." 아들은 고개를 끄덕였다 // 하지만 불안해 보였다. "우린 시작할 거야 / 9단부터. 9 곱하기 9는 81. 9 곱하기 8은 72. 9 곱하기 7은 63." "9 곱하기 9는 81" // 아들이 크고 자신 있는 목소리로 말했다. 그의 아버지는 재빨리 그를 멈췄다. "쉿! 너는 조용히 해야 해! 밖에 있는 사람들이 익히면 안 된다 / 구구단을!" 며칠 후 / 아들은 시장에 갔다 // 그리고 과일가게를 지났다. "이 과일들은 좋아 보여요. 얼마예요?" "이것들, 사과들은, 각각 3원이에요. 그것들은, 배들은, 각각 4원이에요" // 가게 주인이 말했다. "사과 3개와 배 2개를 살게요. 그러면 제가 얼마를 내야 하죠?" 그 판매자가 그의 손가락을 사용했다 / 계산하기 위해 // 그러나 그는 대답할 수 없었다. "뭐가 당신이 그렇게 오래 걸리게 하나요?

어휘 확인하기

period 시대
opposite 정반대편의 위치에, 맞은편에
since ~부터, 이후; ~ 때문에, ~이므로
grown-up 성인, 어른
repeat after ~을 따라 하다
nod (고개를) 끄덕이다
anxious 불안해하는, 염려하는
times ~으로 곱한, 곱하기
confident 자신감 있는, 확신하는
voice 목소리
shh 쉿, 조용히
silent 조용한, 침묵하는
master 주인; 달인; 숙달하다, 완전히 익히다
pass 지나가다
each 각각, 각자
pear 《과일》 배
shopkeeper 상점주인
pay 지불하다, 내다
seller 파는 사람, 판매자
count 세다, 계산하다; 셈, 계산
take (얼마의 시간이) 걸리다
make (계산하면) ~이다, ~와 같다
merchant 상인, 상점주인; 상인의, 상업의
still 그런데도

[선택지 어휘]
practice 연습하다

그건 17원이에요" // 그가 말했다. "와, 당신은 어떻게 해서 그렇게 빨리 계산하나요?" //
23 It's 17 won," // he said. 24 "Wow, how do you count that fast?" //

그 상인이 물었다. "3 곱하기 3은 9예요 // 그리고 4 곱하기 2는 8이에요.
the merchant asked. 25 "Three times three is nine, // and four times two

그것은 17원이 되죠." 그 판매자는 그래도 이해하지 못했다, //
is eight. 26 That makes 17 won." 27 The seller still didn't understand, //

그래서 그 아들은 돈을 내고 떠났다.
so the son paid his money and left.

해석 한눈에 보기

1 신라 시대에, 한 아버지와 한 아들이 방에서 마주보며 앉아있었다. 2 아버지는 "아들아, 너는 이제 어른이 되었으니 구구단을 배워야 해. 3 자, 나를 따라 해."라고 말했다. 4 아들은 고개를 끄덕였지만 불안해 보였다. 5 "우린 9단부터 시작할 거야. 6 9 곱하기 9는 81. 7 9 곱하기 8은 72. 8 9 곱하기 7은 63." 9 아들은 크고 자신 있는 목소리로 "9 곱하기 9는 81이다."라고 말했다. 10 그의 아버지는 재빨리 그를 멈췄다. 11 "쉿! 12 조용히 해야지! 13 밖에 있는 사람들이 구구단을 익히면 안 된다!"
14 며칠 후, 그 아들은 시장에 갔는데 과일 가게를 지나갔다. 15 "이 과일들이 괜찮아 보이네요. 16 얼마예요?" 17 "이 사과들은 각 3원이에요. 18 저 배들은 각 4원이에요."라고 가게 주인이 말했다. 19 "사과 3개와 배 2개를 살게요. 20 그러면 제가 얼마를 드려야 하죠?" 21 그 판매자는 계산을 하려고 자신의 손가락을 사용했지만 대답할 수 없었다. 22 "왜 그렇게 오래 걸려요? 23 17원이잖아요."라고 그가 말했다. 24 "와, 어떻게 그렇게 빨리 계산해요?"라고 그 상인이 물었다. 25 "3 곱하기 3은 9고, 4 곱하기 2는 8이잖아요. 26 그러면 17원이죠." 27 그 판매자는 그래도 이해하지 못해서 그 아들은 돈을 내고 떠났다.

필수 구문 확인하기

2 The father said, "Son, you **have to learn** the multiplication tables **since** you are now a grown-up.

▸ 「have to+동사원형」은 '~해야 한다'의 의미이다.

▸ since는 '~때문에'의 의미로 쓰인 접속사이다.

26 That **makes** 17 won.

▸ 여기에서 make는 '(계산하면) ~이다, ~와 같다'의 의미이다.

04 [사회 | 극한 지역에서의 생활] 사막식물

본문 p.24~27

교육부 지정 중학 필수 어휘

1 disappeared 2 spread 3 seeds 4 surviving 5 Interestingly

START READING!

1 ③ 2 difficult places to live

KEEP READING!

1 ② 2 (1) F (2) F (3) T 3 seeds 4 spread 5 disappear

KEEP READING! 해설

1 지문에 가장 적절한 주제를 고르는 문제이다. 덥고 건조한 사막에 사는 식물들이 어떤 방법으로 살아남는지에 대해 설명하고 있으므로 정답은 ②이다.
① 사막에서 가장 아름다운 식물
② 사막에서 식물이 생존하는 방법
③ 사막에서 오아시스를 찾는 법
④ 사막과 비가 많이 오는 지역의 차이
⑤ 사막 여행을 위한 몇 가지 조언

2 어떤 식물들은 깊은 뿌리를 갖고 있다(Some plants have deep roots.)는 내용이 나오고, 그것들은 물을 찾기 위해 사막 아래로 땅속 깊이 파고든다고 했으므로 (1)은 F이다. 사막은 매우 덥고 건조하기 때문에, 씨앗은 빠르게 말라버리고 죽는다(Because deserts are ~ quickly and die.)는 내용이 나오고 작은 동물들이 그것들이 자라기 전에 먹어버릴 수도 있다고 했으므로 (2)도 글의 내용과 일치하지 않는다.

3 밑줄 친 they의 앞부분에서 사막은 매우 덥고 건조하기 때문에 씨앗은 빠르게 말라버리고 죽는다(Because deserts are ~ quickly and die.)는 내용이 나오고, 작은 동물들이 또한 그것들이 자라기 시작하기 전에 먹어버릴 수도 있다는 내용이 이어지므로 they가 가리키는 것은 seeds이다.

4 (1) 그는 지도를 조심스럽게 (A) 펼쳐서 보물의 위치를 확인했다.
(2) 그 바이러스는 공기를 통해 (B) 퍼질 수 있기 때문에 매우 위험하다.
첫 번째 문장의 (A)는 '펼치다'라는 말이 들어가고, 두 번째 문장의 (B)는 '퍼지다'라는 말이 들어가야 적절하므로 정답은 spread(펼치다, 피다; 퍼지다, 확산되다)이다.

5 ⓐ는 '더 이상 눈에 보이지 않는 것'을 의미하며, ⓑ는 '더 이상 존재하지 않는 것'이라는 의미이므로 정답은 disappear(사라지다, 안 보이게 되다; 소멸되다, 멸종되다)이다.

끊어서 읽기

사막에서 살아남은 식물들은 찾아왔다 / 대처하는 그들만의 방법을
1 The surviving plants in deserts have found / their own ways of dealing

/ 그렇게 덥고 건조한 곳에서. 비가 거의 오지 않기 때문에 //
with / such a hot and dry place. 2 Because it rains very little, // they save

그들은 가능한 많은 물을 저장해 둔다 // 비가 올 때. 어떤 식물들은 깊은 뿌리를 갖고 있다.
as much water as possible // when rain comes. 3 Some plants have deep

그것들은 사막 아래로 내려간다. / 물을 찾기 위해. 사와로 선인장과
roots. 4 They go down below the desert / to find water. 5 Others, such
to+동사원형 〈~하기 위해〉

같은 다른 것들은 / 긴 뿌리를 갖고 있다. 흥미롭게도 그런 뿌리는 퍼져나간다 /
as saguaro cacti, / have long roots. 6 Interestingly, those roots spread /

식물로부터 멀리. 또한 그것들은 단지 10센티미터 깊이이다 // 왜냐하면 그것들은
far from the plant. 7 Also, they are only 10 centimeters deep // because they

물을 흡수해야 하기 때문에 // 그것이 사라지기 전에.
must absorb water // before it disappears.

사막은 매우 덥고 건조하기 때문에 // 씨앗은 빠르게 말라버리고 죽는다.
8 Because deserts are very hot and dry, // seeds get dry quickly and die.

작은 동물들 또한 그것들을 먹을 수도 있다 // 그것들이 자라기 시작하기 전에.
9 Small animals may also eat them // before they can begin to grow.
to+동사원형 〈~하는 것을〉

씨앗들은 보통 모래 속에 머무른다 / 수년 동안. 그것들은 자라기 시작한다 //
10 The seeds often stay in sand / for many years. 11 They start to grow //
to+동사원형 〈~하는 것을〉

비가 올 때만. 그러고 나서 그것들은 물을 흡수한다 / 그리고 매우 빨리 자란다.
only when it rains. 12 Then they take in water / and grow very fast.

그것들 중 일부는 심지어 꽃이 된다 / 그리고 그들 스스로 종자를 만든다.
13 Some of them even become flowers / and make seeds of their own.

그러면 그 종자는 바람에 의해 이동한다 / 그리고 모래 속에서 기다린다 /
14 Then, the seeds move by the wind / and wait in the sand / for many

수년 동안 // 다시 비가 올 때까지.
years // until it rains again.

어휘 확인하기

surviving 살아남은, 잔존한
plant 식물
desert 사막
own 자기 자신의
deal with 대처하다
such 그 정도의, 그렇게
root (식물의) 뿌리
interestingly 흥미있게, 재미있게; 흥미롭게도
spread 펼치다, 피다; 퍼지다, 확산되다
absorb 흡수하다, 빨아들이다
disappear 사라지다, 안 보이게 되다; 소멸되다, 멸종되다
seed 씨, 씨앗, 종자; 씨가 맺다; 씨앗을 뿌리다
take in ~을 섭취[흡수]하다

[선택지 어휘]
location 위치
no longer 더 이상 ~아닌
exist 존재하다

해석 한눈에 보기

1 사막에서 살아남은 식물들은 그렇게 덥고 건조한 곳에서 대처하는 자신만의 방법을 찾아왔다. 2 비가 거의 오지 않기 때문에 그들은 비가 올 때 가능한 많은 물을 저장한다. 3 어떤 식물들은 깊은 뿌리를 갖고 있다. 4 그것들은 물을 찾기 위해 사막보다 아래로 내려간다. 5 사와로 선인장과 같은 다른 것들은 긴 뿌리를 갖고 있다. 6 흥미롭게도 그런 뿌리는 식물로부터 멀리 퍼져 나간다. 7 또한 그것들은 물이 사라지기 전에 흡수해야 하기 때문에 (뿌리) 깊이가 단지 10센티미터이다.

8 사막은 매우 덥고 건조하기 때문에 씨앗은 빠르게 말라버리고 죽는다. 9 그것들이 자라기 시작하기 전에 작은 동물들 또한 그것들을 먹을 수도 있다. 10 씨앗들은 보통 수년 동안 모래 속에 머무른다. 11 그것들은 비가 올 때만 자라기 시작한다. 12 그러고 나서 그것들은 물을 흡수하고 매우 빠르게 자란다. 13 그것들 중 일부는 심지어 꽃이 되고 그들 스스로 종자를 만든다. 14 그러면 그 종자는 바람에 의해 이동하고 비가 다시 올 때까지 수년 동안 모래 속에서 기다린다.

필수 구문 확인하기

2 Because it rains very little, they save **as** *much water* **as possible** when rain comes.

▸ 「as ~ as possible」은 '가능한 ~한'의 의미이다.

01 [과학 | 지권의 구조와 지각변동] 폼페이: 사라진 도시

본문 p.30~33

교육부 지정 중학 필수 어휘
1 fountain 2 slaves 3 port 4 fancy 5 flows 6 theater

START READING!
1 ② 2 (1) T (2) T (3) F

KEEP READING!
1 ③ 2 ⑤ 3 ①, ② 4 불의 신이 화났다고 생각했기 때문에

KEEP READING! 해설

1 지문에 가장 적절한 제목을 고르는 문제이다. 과거에 화산이 폭발하기 전 폼페이 사람들이 어떻게 생활했는지에 관한 내용이므로 정답은 ③이다.

2 그 당시 폼페이 사람들은 베수비오 산이 화산이라는 것을 몰랐다(They didn't know Mount Vesuvius was a volcano at that time.)고 했으므로 ⑤는 일치하지 않는다.

3 지문에서 베수비오 산의 폭발 징조로 언급되지 않은 것을 고르는 문제이다. 사람들이 산에서 소리를 들었다는 내용과 산속 동물들이 도망치기 시작했다는 내용은 언급되지 않았으므로 정답은 ①, ②이다.
① 사람들은 베수비오 산에서 나는 소리를 들었다.
② 산속 동물들이 도망쳤다.
③ 돌 벽이 부서지기 시작했다.
④ 사람들은 땅이 약간 흔들리는 것을 느꼈다.
⑤ 몇몇 분수가 작동을 멈췄다.

4 사람들이 산에 기도한 이유를 묻는 문제이다. 지문에서 사람들은 불의 신이 화났다고 생각했기 때문에 남아서 산에 기도드렸다(But others stayed and prayed ~ was angry.)고 했으므로 정답은 '불의 신이 화났다고 생각했기 때문에'이다.

끊어서 읽기

1세기에 / 폼페이에는 항구가 있었다 / 그리고 많은 교역을 했다
[1] In the first century, / Pompeii had a port / and did a lot of trade

/ 다른 도시들과. 많은 상점과 분수가 있었다 / 그리고 다른
/ with other cities. [2] There were many shops, fountains, / and other

공공장소가 / 목욕탕과 극장 같은. 폼페이의 사람들은 또한
public places / such as bathhouses and theaters. [3] The people of

무척 좋아했다 / 포럼에 가는 것을 / 로마의 만남의 장.
Pompeii also loved / to go to the forum, / a Roman meeting place.
to+동사원형 (~하는 것을)

포럼에서 / 그들은 중요한 공공의 문제에 대해 이야기했다.
[4] At the forum, / they talked about important public issues. [5] Many

그 도시의 많은 사람들은 / 부유했다. 그들은 대저택에 살았고 /
people in the city / were wealthy. [6] They lived in large villas, / wore

비싼 옷을 입었고 / 노예를 가졌다. 그들은 종종 즐겼다 /
expensive clothes, / and had slaves. [7] They often enjoyed / fancy

어휘 확인하기

century 세기
port 항구 (도시)
trade 무역, 교역
fountain 분수; (~의) 원천, 근원
public 공공의
bathhouse 목욕탕
theater 극장
forum 포럼, 토론회
issue 쟁점, 사안
villa 저택
slave 노예
fancy 장식이 많은; 값비싼[고급의]
course (식사의 개별) 코스

많은 코스가 있는 값비싼 식사를.
meals with many courses.

몇 가지의 징조가 있었다 / 베수비오 산 폭발 전에.
8 There were a few signs / before the eruption of Mount Vesuvius.

폼페이의 사람들은 느꼈다 / 작은 미진을. 분수 중 일부는
9 People in Pompeii felt / small earth tremors. 10 Some of the water

/ 흐르는 것을 멈추었다 // 그리고 돌 벽에는 금이 생겼다.
fountains / stopped flowing, // and there were cracks in stone walls.
-ing 〈하는 것을〉

몇몇의 사람들은 두려움을 느꼈다 / 그리고 다른 도시로 이주했다. 그러나 다른 사람들은
11 Some people felt afraid / and moved to other cities. 12 But others

남았다 / 그리고 그 산에 기도했다 // 그들은 생각했기 때문이다 //
stayed / and prayed to the mountain // because they thought //

불의 신이 / 화가 났다고. 그들은 알지 못했다 //
that the god of fire / was angry. 13 They didn't know //
(~인 것을)

베수비오 산이 화산이라는 것을 / 그 당시에는.
Mount Vesuvius was a volcano / at that time.

sign 징후, 조짐
flow 흐르다; 흐름
pray 기도하다
volcano 화산

[선택지 어휘]
run away 도망치다, 달아나다

해석 한눈에 보기

1 1세기에 폼페이에는 항구가 있었고 다른 도시와 많은 교역을 했다. 2 많은 상점과 분수, 그리고 목욕탕과 극장 같은 다른 공공장소가 있었다. 3 폼페이의 사람들은 로마의 만남의 장인 포럼에 가는 것을 무척 좋아했다. 4 포럼에서 그들은 중요한 공공의 문제에 대해 이야기했다. 5 그 도시의 많은 사람들은 부유했다. 6 그들은 대저택에 살며, 비싼 옷을 입었고, 노예를 가졌다. 7 그들은 종종 많은 코스가 포함된 값비싼 식사를 했다.
8 베수비오 산이 폭발하기 전에 몇 가지 징조가 있었다. 9 폼페이의 사람들은 작은 미진을 느꼈다. 10 분수 중 일부는 흐르는 것을 멈추었고 돌 벽에 금이 생겼다. 11 일부 사람들은 두려움을 느끼고 다른 도시로 이주했다. 12 그러나 다른 사람들은 불의 신이 화가 났다고 생각했기 때문에 남아서 그 산에 기도를 했다. 13 그들은 그 당시에는 베수비오 산이 화산이라는 것을 알지 못했다.

필수 구문 확인하기

10 Some of the water fountains **stopped flowing**, and there were cracks in stone walls.

▸ 「stop+-ing」는 '~하는 것을[하기를] 멈추다'의 의미이다.

12 ~ because they(S') thought(V') **that** the god of fire was angry(O').

▸ 접속사 that이 이끄는 명사절이 thought의 목적어 역할을 한다.

02 [국어 | 표현의 맛] 비둘기는 평화의 상징

본문 p.34~37

교육부 지정 중학 필수 어휘
1 passion **2** knights **3** fortune **4** represent **5** stuff **6** peaceful

START READING!
1 ③ **2** A cross on a roof means a church

KEEP READING!
1 ② **2** ④ **3** Light **4** ① **5** 나는 우울하다

KEEP READING! 해설

1 지문에 가장 적절한 주제를 고르는 문제이다. 여러 가지 이야기에서 쓰인 다양한 상징에 대한 내용이므로 정답은 ②이다.
① 같은 상징이 갖는 다른 의미
② 이야기에서 쓰인 다양한 상징들
③ 여러 가지 상징들의 탄생
④ 좋은 작가가 되는 방법
⑤ 일상생활에서 상징을 쓰는 방법

2 흑기사는 사악한 기사(~, and a black knight is an evil knight.)라는 말은 있지만, 흑기사가 사용하는 상징에 대한 언급은 없으므로 정답은 ④이다.

3 밑줄 친 it이 가리키는 것을 묻는 문제이다. 앞에서 빛은 안전을 나타나는 데 사용된다(Light is ~ safety.)고 했으며 it을 포함한 문장에서는 그것은 때때로 악을 이기는 힘으로 묘사된다(Sometimes, it ~ beat evil.)고 했으므로 정답은 Light이다.

4 빛은 안전을 뜻할 때 사용되며, 때때로 악을 물리치는 힘으로도 묘사된다(Light is used for safety. Sometimes ~ to beat evil.)고 했으며, 녹색은 신선하고 건강한 것을 떠올리게 한다(So, when something is green, you might think it is fresh or healthy.)고 했으므로 정답은 ①이다.
① 녹색 - 안전
② 빨간색 - 열정
③ 검정색 - 안 좋은 것
④ 숲 - 신비
⑤ 왕관 - 권력

5 "I have the blues."의 의미를 묻는 문제이다. 당신이 우울하다는 것을 말하기 위해 "I have the blues."라고 말할 수 있다(To say that ~ have the blues.")고 했으므로 정답은 '나는 우울하다'이다.

끊어서 읽기

이야기에서 자연에 있는 것들은 / 많은 것들의 상징이 될 수 있다.
1 In stories, stuff in nature / can be symbols of many things.

봄은 주로 의미한다 / '탄생'과 새로운 시작을.
2 Spring usually means / "birth" and a new beginning. 3 The word

'낮'이라는 단어는 또한 나타낸다 / 새로운 삶과 빛을. 그것은 새로운 시작이 될 수 있다
"day" also represents / new life and light. 4 It can be a new

/ 등장인물을 위한 / 또는 다시 시작할 기회가. 빛은
beginning / for characters / or a chance to start over. 5 Light is
to+동사원형 〈~할〉

안전을 나타내는 데 사용된다. 때때로 그것은 묘사된다 / 악을 이기는 힘으로.
used for safety. 6 Sometimes, it is described / as the power to beat evil.
to+동사원형 〈~할〉

색도 다른 의미를 갖는다. 빨간색은 보통 의미한다 / 사랑,
7 Colors also have different meanings. 8 Red usually means / love,

분노, 또는 열정을. 녹색은 자연의 색이다. 그래서
anger, or passion. 9 Green is the color of nature. 10 So, when

뭔가가 녹색일 때 // 당신은 생각할지도 모른다 // 그것이 신선하거나 건강하다고.
something is green, // you might think // (that) it is fresh or healthy.

어떻게 느끼는가 // 당신이 푸른 바다를 볼 때? 당신은 느낄지도 모른다
11 How do you feel // when you see a blue sea? 12 You might feel

시원하고 평온하다고. 그러나 알았는가 // 파란색이 또한 우울하다는 것을 의미한다는 것을?
cool and peaceful. 13 But did you know // that blue also means
(~인 것을)

어휘 확인하기

stuff 물건, 물질; 채워 넣다, 채우다
mean ~을 뜻하다, 의미하다
represent 대표하다, 대신하다; (상징물로) 나타내다, 상징하다
character 등장인물
safety 안전
describe 말하다, 묘사하다
beat 이기다
evil 악
passion 열정, 전념
peaceful 평화적인, 비폭력적인; 평화로운, 평온한
depressed 우울한
the blues 우울(증)
witch 마녀
knight (중세의) 기사
object 물건, 물체
mystery 수수께끼, 미스터리, 신비
desert 사막
crown 왕관

당신이 우울하다는 것을 말하기 위해 / 당신은 말할 수 있다 // "나는 우울하다."
depressed? [14] To say <u>that</u> you are depressed, / you can say, // "I have the
(~인 것을)

검정색은 의미할 수 있다 / 뭔가 나쁜 것을.
blues." [15] The color black can mean / something bad. [16] In many

많은 이야기에서 / 흑마술은 사악한 마술이다 / 마녀에 의해 사용되는 // 그리고 흑기사는
stories, / black magic is evil magic / used by witches, // and a black

사악한 기사이다.
knight is an evil knight.

장소나 사물은 / 또한 상징이 될 수 있다. 어떤 이야기들은 숲을 묘사한다
[17] Places or objects / can also be symbols. [18] Some stories describe

/ 악이나 신비의 장소로 / 그리고 사막은 쓸쓸한 장소로.
forests / as a place of evil or mystery / and deserts as lonely

많은 이야기에서 / 작가들은 해골을 사용한다 / 죽음을 묘사하기 위해 /
places. [19] In many stories, / writers use a skull / <u>to describe</u> death /
to+동사원형 〈~하기 위해〉

그리고 왕관을 권력과 부의 상징으로.
and a crown as the symbol of power and fortune.

fortune 운, 행운; 재산, 부

[선택지 어휘]

various 여러 가지의, 다양한

해석 한눈에 보기

1 이야기에서, 자연에 있는 것들은 많은 것들의 상징이 될 수 있다. 2 봄은 주로 '탄생'과 새로운 시작을 의미한다. 3 '낮'이라는 단어는 또한 새로운 삶과 빛을 나타낸다. 4 그것은 등장인물을 위한 새로운 시작이나 다시 시작할 기회가 될 수 있다. 5 빛은 안전을 나타내는 데 사용된다. 6 때때로 그것은 악을 이기는 힘으로 묘사된다.

7 색도 다른 의미를 갖는다. 8 빨간색은 보통 사랑, 분노, 또는 열정을 의미한다. 9 녹색은 자연의 색이다. 10 그래서 뭔가가 녹색일 때 당신은 그것이 신선하거나 건강하다고 생각할지도 모른다. 11 푸른 바다를 볼 때 어떻게 느끼는가? 12 당신은 시원하고 평온하다고 느낄지도 모른다. 13 그러나 파란색이 또한 우울하다는 것을 의미한다는 것을 알았는가? 14 당신이 우울하다는 것을 말하기 위해 당신은 "나는 우울하다."라고 말할 수 있다. 15 검정색은 나쁜 것을 의미할 수 있다. 16 많은 이야기에서 흑마술은 마녀에 의해 사용되는 사악한 마술이고, 흑기사는 사악한 기사이다.

17 장소나 사물도 상징이 될 수 있다. 18 어떤 이야기는 숲을 악이나 신비의 장소로 묘사하고 사막을 쓸쓸한 장소로 묘사한다. 19 많은 이야기에서 작가들은 죽음을 묘사하기 위해 해골을 사용하고, 권력과 부의 상징으로 왕관을 사용한다.

필수 구문 확인하기

[14] **To say that** <u>you are depressed</u>, you can say, "I have the blues."

▸ To say는 '~하기 위해'라는 의미로 부사적 용법으로 쓰인 to부정사이며, 접속사 that이 이끄는 절(that you are depressed)이 say의 목적어 역할을 한다.

[16] In many stories, black magic is *evil magic* [**used** by witches], and a black knight is an evil knight.

▸ 과거분사구(used by witches)가 바로 앞의 evil magic을 수식한다.

03 [사회 | 자연으로 떠나는 여행] 이색적인 수중 경험

본문 p.38~41

교육부 지정 중학 필수 어휘

1 amusement 2 lounge 3 sight 4 Contact 5 guests 6 creature

START READING!

1 ② 2 (1) T (2) T (3) F

KEEP READING!

1 ② 2 ③ 3 sea creatures 4 sight 5 contact

KEEP READING! 해설

1 지문에 가장 적절한 제목을 고르는 문제이다. 만타 리조트에 있는 언더워터 룸의 다양한 즐길 거리를 소개하는 글이므로 정답은 ②이다.
① 만타 리조트에서 볼 수 있는 야생 동물
② 만타 리조트에서의 수중 휴가
③ 수중 여행의 위험성
④ 만타 리조트에서의 축제
⑤ 만타 리조트의 표를 공짜로 얻는 방법

2 침대는 물속 부분에 있고, 욕실과 거실 구역을 포함하는 갑판은 물 위에 있다고 했으므로 ③은 일치하지 않는다.

3 밑줄 친 them 앞에서 창문 아래에 있는 조명들이 주변을 환하게 만들고 바다 생물들(sea creatures)을 끌어들인다고 했으며, 이어서 그들(them) 중 하나와 눈 맞춤을 하게 될지도 모르니 놀라지 말라는 내용이 이어진다. 따라서 정답은 sea creatures이다.

4 (1) 그는 사고로 인해 (A) 시력을 잃었고, 이제 앞을 볼 수 없다.
(2) 그 산의 단풍은 사진 찍기에 완벽한 (B) 풍경이었다.
첫 번째 문장의 (A)는 '시력'이라는 말이 들어가고, 두 번째 문장의 (B)는 '풍경'이라는 말이 적절하므로 정답은 sight(시력; 풍경, 광경)이다.

5 '사람이나 어떤 것이 서로 닿은 상황'이라는 뜻이므로 정답은 contact((무엇에) 닿음, 접촉)이다.

끊어서 읽기

만타 리조트에 있는 언더워터 룸은 / 두 부분으로 나눠진다.
1 The Underwater Rooms in the Manta Resort / are divided into two

하나는 물속의 부분이다 // 그리고 다른 하나는 2층으로 된
parts. 2 One is the underwater part, // and the other is a two-floor

나무 갑판이다 / 해수면 위에. 물속 부분은 / 장관을 이룬다.
wooden deck / above water level. 3 The underwater area / is quite

그것은 창문으로 둘러싸여 있다. / 그리고 안락한 2인용 침대를
a sight. 4 It is surrounded with windows / and has a comfortable

가지고 있다 / 바다 아래에 생물을 지켜보기 위한. 물 위의 갑판은
double bed / for watching life under the ocean. 5 The deck above

/ 욕실과 거실 구역을 포함하고 있다. 손님들은 물속에서 잠을 잘 수 있다
water / includes a bathroom and a lounge area. 6 Guests may sleep

/ 또는 밤하늘 아래에서. 밤에는 / 창문 아래에 있는 조명들이
underwater, / or under the night sky. 7 At night, / lighting under the

/ 방의 물속 주변을 환하게 만든다 /
windows / lights up the room's underwater surroundings / and

그리고 바다 생물들을 끌어들인다 / 손님들의 즐거움을 위해. 놀라지 마라!
attracts sea creatures / for the guests' amusement. 8 Don't be

당신은 눈 맞춤을 할지도 모른다 / 그들 중 하나와!
surprised! 9 You might make eye contact / with one of them!

다른 멋진 것은 / 만타의 언더워터 룸의 /
10 The other great thing / about Manta's Underwater Rooms / is that

그것이 위치해 있다는 것이다 / 바다의 구역 안에 / 블루 홀이라고 불리는.
they are located / in an area of ocean / called the Blue Hole.

왜냐하면 여기에는 산호초와 깊은 바다가 있다 / 바로 나란히
11 Because here the coral reef and the deep ocean are / next to each

어휘 확인하기

underwater 물속의, 수중의
divide 나누다
sight 시력; 풍경, 광경
surround 둘러싸다, 에워싸다
include 포함하다
lounge (공항 등의) 라운지; (가정 집의) 거실
guest 손님, 하객
lighting 조명
light up (빛, 색으로) 환하게 되다[만들다]
surroundings 환경, 주위
attract 끌어들이다, 끌어 모으다
creature 생물, 동물
amusement 재미, 우스움, 즐거움
surprised 놀란
contact 연락; (무엇에) 닿음, 접촉; (전화·편지 등으로) 연락하다
located ~에 위치한

[선택지 어휘]
autumn leaves 단풍

// 손님들은 기회를 갖는다 / 색색의 산호를 볼 /
other, // guests have the chance / to see colorful corals / and many
to+동사원형 (~할)
그리고 많은 종류의 바다 동물들을 / 동시에.
kinds of ocean animals / at the same time.

해석 한눈에 보기

1 만타 리조트에 있는 언더워터 룸은 두 개의 부분으로 나뉜다. 2 하나는 물속의 부분이고 다른 하나는 해수면 위에 있는 2층으로 된 나무 갑판이다. 3 물속 부분은 장관을 이룬다. 4 그것은 창문으로 둘러싸여 있고, 바다 아래에 있는 생물을 보기 위한 안락한 2인용 침대를 갖고 있다. 5 물 위에 있는 갑판은 욕실과 거실 구역을 포함하고 있다. 6 손님들은 물속에서 또는 밤하늘 아래에서 잘 수 있다. 7 밤에는 창문 아래에 있는 조명이 방의 물속 주변을 환하게 만들고 손님들의 즐거움을 위해 바다 생물을 끌어들인다. 8 놀라지 마라! 9 당신은 그들 중 하나와 눈 맞춤을 할지도 모른다!
10 만타의 언더워터 룸의 또 다른 멋진 점은 그것이 블루 홀이라고 불리는 바다의 구역에 위치해 있다는 것이다. 11 왜냐하면 여기에는 산호초와 깊은 바다가 바로 나란히 있기 때문에, 손님들은 색색의 산호와 많은 종류의 바다 동물들을 동시에 볼 기회를 갖는다.

필수 구문 확인하기

2 **One** is the underwater part, and **the other** is a two-floor wooden deck above water level.

▸ 두 개 중 하나는 one으로, 나머지 다른 하나는 the other로 나타낸다.

10 The other great thing about Manta's Underwater Rooms is **that** they are located in *an area of ocean* [**called** the Blue Hole].

▸ 접속사 that이 이끄는 명사절이 문장의 보어 역할을 한다.

▸ called 이하는 앞의 an area of ocean을 수식하는 과거분사구이다.

04 [역사 | 그리스와 로마 제국의 발전] 트로이의 목마

본문 p.42~45

교육부 지정 중학 필수 어휘
1 dragged **2** destroyed **3** display **4** whole **5** loss **6** pretended

START READING!
1 ② **2** strong walls and a huge castle gate

KEEP READING!
1 ② **2** ④ **3** (b) **4** Greek soldiers **5** whole

KEEP READING! 해설

1 지문에 가장 적절한 주제를 고르는 문제이다. 단단한 성벽과 거대한 성문으로 둘러싸인 트로이를 그리스 군대가 목마를 이용해 무너뜨렸다는 내용이므로 정답은 ②이다.
① 그리스의 상징, 목마
② 목마와 트로이의 종말
③ 트로이의 왕에게 보낸 그리스 군대의 선물
④ 트로이와 그리스의 관계
⑤ 아름다운 조각상인 목마

2 패배를 인정했다고 말하며 그리스 군대 전체가 떠난 척했다(Then, the whole Greek army ~ admitted their loss.)고 했으므로 ④는 일치하지 않는다.

3 본문의 display는 '전시, 진열'이라는 뜻이다. 따라서 정답은 (b)이다.

(a) 나는 새로운 상품들을 받자마자 진열하겠다.
(b) 그 식당의 꽃 전시는 손님들을 행복하게 만들었다.

4 목마 안에는 많은 그리스 병사들이 숨어있었다(But actually, a number of Greek soldiers were hiding inside the wooden horse.)고 했으므로 정답은 Greek soldiers이다.

5 '모든 조각들 또는 완전한 부분들을 가지고 있는'이라는 의미이므로 정답은 whole(전체의, 모든)이다.

끊어서 읽기

1 The Greeks were eager (그리스 사람들은 간절히 바랐다) / to take control of Troy. (트로이를 지배하기를.) 2 Greek soldiers (그리스 병사들은) spent almost ten years (거의 10년을 썼다) / trying to destroy Troy's wall. (트로이의 성벽을 파괴하려고 노력하는 데.) 3 However, (그런데) / the Greeks could not find a way in. (그리스 사람들은 들어가는 방법을 찾을 수 없었다.)

4 One day, (어느 날) / Odysseus, a Greek general, (그리스 장군인 오디세우스가) / had an idea. (아이디어를 냈다.) 5 He built (그는 지었다) / a huge beautiful wooden horse, (거대하고 아름다운 나무로 만든 말을) / and left it (그리고 그것을 남겨 놨다) / outside the gate. (성문 밖에.)

6 Then, the whole Greek army (그러고 나서 그리스 군대 전체는) / pretended to leave. (떠난 척했다.) 7 They said (그들은 말했다) // that (~인 것을) they had finally admitted their loss. (그들이 마침내 패배를 인정했다고.) 8 But actually, (그러나 사실은) / a number of Greek soldiers were hiding (많은 그리스 병사들이 숨어 있었다) / inside the wooden horse. (나무로 만든 말 안에.)

9 When the Greek soldiers left, (그리스 병사들이 떠났을 때) // the people of Troy went (트로이 사람들은 갔다) / outside of the wall (성벽 밖으로) / to celebrate (to+동사원형 〈~하기 위해〉) their victory. (그들의 승리를 축하하기 위해.) 10 They found the horse (그들은 말을 발견했다) / and (그리고) dragged it (그것을 끌고 왔다) / inside the city gates (도시의 성문 안으로) / to keep (to+동사원형 〈~하기 위해〉) it on display. (그것을 계속 전시해두기 위해.)

11 That night, (그날 밤) / while (~하는 동안) the Trojans were sleeping, (트로이 사람들이 자고 있는 동안) // the men hiding inside the wooden horse (목마에 숨어 있던 사람들이) / climbed out (밖으로 나갔다) / and opened the gates. (그리고 성문을 열었다.)

12 The waiting Greek army (기다리고 있던 그리스 군대는) / then entered Troy. (그때 트로이로 들어갔다.) 13 That was the end of Troy. (그것이 트로이의 종말이었다.)

어휘 확인하기

Greek 그리스 사람; 그리스의
eager 열렬한, 간절히 바라는
soldier 군인, 병사
destroy 파괴하다, 박멸하다
general 장군
huge 거대한, 막대한
wooden 나무로 된, 목재의
whole 전체의, 모든; 전체, 완전체
army 군대
pretend ~인 척하다; ~라고 가장[상상]하다
loss 손실, 손해; 패배, 실패
actually 실제로, 사실은
hide 숨다
celebrate 기념하다, 축하하다
victory 승리
drag 끌다, 끌고 가다
display 전시하다; 내보이다; 전시, 진열
on display 전시된
climb 오르다, 올라가다

[선택지 어휘]
sculpture 조각품

해석 한눈에 보기

1 그리스 사람들은 트로이를 무척 지배하고 싶어 했다. 2 그리스 병사들은 트로이 성벽을 파괴하려고 노력하는 데 거의 10년을 보냈다. 3 그런데, 그리스 사람들은 들어가는 방법을 찾을 수 없었다.
4 어느 날, 그리스 장군인 오디세우스는 한 가지 아이디어를 냈다. 5 그는 거대한 아름다운 목마를 만들었고, 그것을 성문 밖에 남겨 두었다. 6 그러고 나서 그리스 군대 전체는 떠난 척 했다. 7 그들은 마침내 자신들이 패배를 인정했다고 말했다. 8 그러나 사실은 많은 그리스 병사들이 목마 안에 숨어 있었다.
9 그리스 병사들이 떠났을 때, 트로이 사람들은 자신들의 승리를 축하하기 위해 성벽 밖으로 나갔다. 10 그들은 목마를 발견했고 그것을 계속 전시해두기 위해 도시의 성문 안으로 끌고 왔다.
11 그날 밤, 트로이 사람들이 자고 있는 동안에, 목마 안에 숨어 있던 사람들이 밖으로 빠져나와 성문을 열었다. 12 기다리고 있던 그리스 군대가 그때 트로이로 들어왔다. 13 그것이 트로이의 종말이었다.

필수 구문 확인하기

1 The Greeks **were eager to take** control of Troy.

▸ 「be eager to+동사원형」은 '~을 무척 하고 싶어 하다'라는 뜻이다.

2 Greek soldiers spent almost ten years **trying to destroy** Troy's wall.
V O C

▸ 「spend+시간+-ing」는 '~하는 데 시간을 보내다'의 의미이다. 「try to+동사원형」은 '~하려고 노력하다, 애쓰다'의 의미이다. (*cf.* try+-ing: ~을 시도하다)

11 That night, while the Trojans were sleeping, *the men* [**hiding** inside the wooden horse] climbed out and opened the gates.

▸ hiding ~ horse는 앞의 the men을 수식하는 현재분사구이다.

Chapter 03

01 [역사 | 지역 세계의 형성과 발전] 킨사이

본문 p.48~51

교육부 지정 중학 필수 어휘
1 trade 2 overseas 3 silk 4 especially 5 float 6 article

START READING!
1 글, 기사 2 to keep an eye on the cities

KEEP READING!
1 ④ 2 ⑤ 3 ⑤ 4 trade 5 킨사이 사람들이 그 당시 유럽 사람들보다 더 자주 목욕했기 때문에

KEEP READING! 해설

1 지문에 가장 적절한 제목을 고르는 문제이다. 쿠빌라이 칸을 대신해 몽골제국을 여행했던 마르코 폴로가 가장 좋아했던 도시 킨사이에 대한 내용이므로 정답은 ④이다.
① 새로운 땅으로 떠난 마르코 폴로의 여행
② 마르코 폴로가 칸에게 보낸 편지
③ 마르코 폴로와 외국인들의 관계
④ 제국에서 마르코 폴로가 가장 사랑했던 도시
⑤ 도시에서 마르코 폴로가 가장 좋아했던 대중목욕탕

2 지문에서 킨사이 사람들은 한 달에 세 번 찬물로 씻었다(The people in Kinsai ~ with very cold water.)고 했으므로 정답은 ⑤이다.

3 ⓔ는 킨사이 사람들이 한 달에 세 번 목욕하는 것을 뜻하고 나머지는 킨사이를 뜻하기 때문에 정답은 ⑤이다.

4 '제품이나 서비스를 사거나 팔고 교환하는 것'이라는 의미이므로 정답은 trade(거래하다, 무역하다)이다.

5 킨사이 사람들은 그 당시 유럽 사람들보다 더 자주 목욕했기 때문에 마르코 폴로는 이것에 대해 흥미롭게 생각했다(It was very interesting ~ at that time.)고 했으므로 정답은 '킨사이 사람들이 그 당시 유럽 사람들보다 더 자주 목욕했기 때문에'이다.

끊어서 읽기

쿠빌라이 칸을 위해 여행하는 동안 / 킨사이는 되었다 / 마르코 폴로가
1 While traveling for Kublai Khan, / Kinsai became / one of Marco

가장 좋아하는 도시 중 하나가. 그것은 현재 항저우라 불리는 도시이다.
Polo's favorite cities. 2 It is now a modern city called Hangzhou.

마르코 폴로는 이 도시를 자주 방문했다 / 그리고 많은 글을 썼다 /
3 Marco Polo often visited this city / and wrote many articles /

그것에 관한. 그것은 거대한 도시였다 / 베니스처럼 물 위에 떠 있는.
about it. 4 It was a huge city / floating on the water like Venice.

그것은 그에게 생각나게 했다 / 그의 집과 가족을. 많은 다리가 있었다
5 It reminded him / of his home and family. 6 There were many

// 그리고 그것들 중 몇몇은 매우 높았다. 해외의 나라에서 온 많은 배들이
bridges, // and some of them were very high. 7 Many ships from

/ 다리 밑으로 갈 수 있었다 / 그리고 도시로 쉽게
overseas countries / could go under the bridges / and easily come

어휘 확인하기

modern 근대의, 현대의
article 글, 기사
huge 거대한
float (물에) 뜨다; (물이나 공중에서) 떠가다, 떠돌다
remind A of B A에게 B를 생각나게 하다, 상기시키다
overseas 해외의, 외국의; 해외에, 외국으로
trade 거래, 무역; 거래하다, 무역하다
especially 특히, 특별히
bathhouse 목욕탕
necessary 필요한
silk 비단, 실크

들어올 수 있었다 / 무역을 위해.
into the city / for trade.

마르코는 킨사이에 특히 관심이 있었다 / 그것의 특별한 노동자 그룹과 목욕탕 때문에.
8 Marco was especially interested in Kinsai / because of its special groups

약 12개의 특별한 노동자 그룹이 있었다.
of workers and bathhouses. 9 There were about twelve groups of special

각 그룹은 만들어야 했다 / 삶에 꼭 필요한 것들을 /
workers. 10 Each group had to make / things necessary for life, / such as

비단천이나 은 또는 금으로 만든 물건 같은. 킨사이의 사람들은 목욕을 했다 /
silk cloth or goods from silver or gold. 11 The people in Kinsai bathed /

한 달에 세 번. 그들은 씻었다 / 매우 차가운 물로. 그러나 그들은
three times a month. 12 They washed / with very cold water. 13 But they

따뜻한 물을 주었다 / 방문객에게. 그것은 매우 흥미로웠다 / 마르코에게 //
gave warm water / to visitors. 14 It was very interesting / for Marco //

왜냐하면 그들은 더 자주 목욕을 했기 때문에 / 그 당시 유럽 사람들보다.
because they bathed more often / than European people at that time.

cloth 천, 옷감
goods 물건, 상품
bathe 목욕하다
at that time 그때, 그 당시에

[선택지 어휘]
relationship 관계

해석 한눈에 보기

1 쿠빌라이 칸을 위해 여행하는 동안 킨사이는 마르코 폴로가 가장 좋아하는 도시 중 하나가 되었다. 2 그것은 현재 항저우라고 불리는 도시이다. 3 마르코 폴로는 이 도시를 자주 방문했고 그 도시에 대해 많은 글을 썼다. 4 그것은 베니스처럼 물 위에 떠 있는 거대한 도시였다. 5 그것은 그에게 집과 가족을 생각나게 했다. 6 많은 다리가 있었고, 그것들 중 몇몇은 매우 높았다. 7 다른 나라에서 온 많은 배들은 다리 밑을 지나가고 무역을 위해서 쉽게 도시로 들어올 수 있었다.
8 마르코는 킨사이의 특별한 노동자 그룹과 목욕탕 때문에 그 도시에 특히 관심이 있었다. 9 약 12개의 특별한 노동자 그룹이 있었다. 10 각 그룹은 비단천이나 은 또는 금으로 만든 물건 같은 삶에 꼭 필요한 것들을 만들어야 했다. 11 킨사이의 사람들은 한 달에 세 번 목욕을 했다. 12 그들은 매우 차가운 물로 씻었다. 13 그러나 그들은 방문객에게는 따뜻한 물을 주었다. 14 그것은 마르코에게 매우 흥미로웠는데, 왜냐하면 그들은 그 당시 유럽 사람들보다 더 자주 목욕을 했기 때문이다.

필수 구문 확인하기

5 It **reminded** him **of** his home and family.

▸ 「remind A of B」는 'A에게 B를 생각나게 하다, 상기시키다'의 의미이다.

10 Each group had to make **things necessary** for life, such as silk cloth or goods from silver or gold.

▸ -thing으로 끝나는 (대)명사를 수식하는 형용사는 뒤에 위치한다.

02 [사회 | 문화의 다양성과 세계화] 미국 속의 작은 중국

본문 p.52~55

교육부 지정 중학 필수 어휘
1 includes 2 allowed 3 migrate 4 suited 5 located 6 languages

START READING!
1 ③ 2 formed in many places

KEEP READING!
1 ③ 2 ③ 3 ② 4 suit

KEEP READING! 해설

1 지문에 가장 적절한 주제를 고르는 문제이다. 세계에서 샌프란시스코에 가장 큰 차이나타운이 형성된 배경과 특별한 점을 소개하는 내용이므로 정답은 ③이다.
① 많은 중국인이 샌프란시스코로 이주한 이유
② 중국과 미국의 문화적 차이
③ 샌프란시스코의 차이나타운 발전 과정
④ 중국계 미국인들이 일상생활에서 겪는 위험
⑤ 인기 있는 미국식 중국 음식의 요리법

2 더 많은 사람이 골든 게이트 브리지보다 차이나타운을 방문한다(More people visit ~ the Golden Gate Bridge.)고 했으므로 ③은 일치하지 않는다.

3 '샌프란시스코 중국 신년 축제와 퍼레이드'에서 즐길 수 있는 것을 고르는 문제이다. 이 축제는 예술전, 거리 무용, 무술, 패션쇼를 포함한다(This festival includes ~ and fashion shows.)고 했으므로 정답은 ②이다.

4 (1) 나는 면접을 위해서 새로운 (A) 정장을 샀다.
(2) 나는 아침형 인간이다. 그래서 아침 일찍 운동하는 것은 밤보다 나에게 더 잘 (B) 맞을 것이다.
첫 번째 문장의 (A)는 '정장'이라는 말이 들어가며, 두 번째 문장의 (B)는 '~에 알맞다'라는 말이 들어가야 하므로, 정답은 suit(정장; ~에 알맞다, 적당하다)이다.

끊어서 읽기

가장 크고 오래된 차이나타운은 / 캘리포니아 주 샌프란시스코에 위치해 있다.
[1] The largest and the oldest Chinatown / is located in San Francisco, California.

1850년대에 / 첫 중국인들이 샌프란시스코로 이주했다.
[2] In the 1850s, / the first Chinese people migrated to San Francisco.

미국 정부는 그들에게 허락했다 / 특별한 지역에 땅을 사는 것을.
[3] The American government allowed them / to buy land in a special area.

더 많은 중국인들이 미국에 오면서 // 그것은 차이나타운이 되었다.
[4] As more Chinese came to the United States, // it became Chinatown.

차이나타운에 살고 있는 사람들은 / 그들만의 생활 방식, 언어, 그리고 사교 모임을 계속해서 갖고 있다.
[5] People who are living in Chinatown / continue to have their own lifestyles, languages, and social clubs.

그 장소는 또한 인기 있는 관광지이다.
[6] It is also a popular tourist site.

더 많은 사람들이 차이나타운을 방문한다 / 골든 게이트 브리지보다.
[7] More people visit Chinatown / than the Golden Gate Bridge.

차이나타운이 더 커지고 더 인기 있어지면서 // 중국계 미국인 지도자들은 그들만의 기념행사를 하길 원했다 / 그들의 배경을 기억하기 위해
[8] As Chinatown got larger and more popular, // Chinese-American leaders wanted to have their own celebration / to remember their backgrounds.

to remember: to+동사원형 (~하기 위해)

그래서 1950년대에 / 그들은 '샌프란시스코 중국 신년 축제와 퍼레이드'를 시작했다
[9] So in the 1950s, / they started the "San Francisco

어휘 확인하기

located ~에 위치한
San Francisco 샌프란시스코
migrate 이동하다, 이주하다
government 정부, 정권
allow 허락하다, ~하게 두다
continue 계속되다, 이어지다
lifestyle 생활 방식
language (한 나라 · 한 민족 등의) 언어, 말
social 사회의, 사교적인
site 위치, 장소
Chinese-American 중국계 미국인
celebration 기념[축하]행사, 기념식
background 배경
include 포함하다, 포괄하다; 포함시키다
not only that 그뿐만 아니라
experience 경험하다
taste (어떤 것을 짧게 접하는) 경험, 맛보기
suit 정장, 옷 (한 벌); ~에 알맞다,

이 축제는 포함한다 /
Chinese New Year Festival and Parade." 10 This festival includes / art

예술전, 거리 무용, 무술, 그리고 패션쇼를. 그것 뿐 아니라
shows, street dancing, martial arts, and fashion shows. 11 Not only

/ 많은 종류의 먹을 미국식 중국 음식도 있다.
that, / but there are many kinds of American-Chinese food to eat.
to+동사원형 〈~할〉

당신이 경험하고 싶다면 / 아시아 밖에서 중국의 맛보기를 //
12 If you want to experience / the taste of China outside of Asia, //

샌프란시스코의 차이나타운이 당신에게 잘 맞을 것이다.
Chinatown in San Francisco will suit you well.

적당하다; ~에 어울리다

[선택지 어휘]
development 발달, 성장
recipe 조리법

해석 한눈에 보기

1 가장 크고 오래된 차이나타운은 캘리포니아 주의 샌프란시스코에 위치해 있다. 2 1850년대에 첫 중국인들이 샌프란시스코로 이주했다. 3 미국 정부는 그들이 특별한 지역의 땅을 사는 것을 허락했다. 4 더 많은 중국인들이 미국에 오면서 그것은 차이나타운이 되었다. 5 차이나타운에 살고 있는 사람들은 자신들만의 생활 방식, 언어, 그리고 사교 모임을 계속해서 갖고 있다. 6 그 장소는 또한 인기 있는 관광지이다. 7 더 많은 사람들이 골든 게이트 브리지보다 차이나타운을 방문한다.
8 차이나타운이 더 커지고 더 인기 있어지면서 중국계 미국인 지도자들은 자신들의 배경을 기억하기 위해 독자적인 기념행사를 하길 원했다. 9 그래서 1950년대에 그들은 '샌프란시스코 중국 신년 축제와 퍼레이드'를 시작했다. 10 이 축제는 예술전, 거리 무용, 무술, 패션쇼를 포함한다. 11 그것 뿐 아니라 많은 종류의 미국식 중국 음식도 있다. 12 당신이 아시아 밖에서 중국의 맛보기를 경험하고 싶다면, 샌프란시스코의 차이나타운이 당신에게 잘 맞을 것이다.

필수 구문 확인하기

3 The American government **allowed**(V) them(O) **to buy** land in a special area.(C)

▸ 「allow+목적어+to+동사원형」은 '~이 …하도록 하다, 허락하다'의 의미이다.

5 *People* [**who** are living in Chinatown](S) continue(V) to have their own ~.

▸ who는 주격 관계대명사로, who are living in Chinatown은 선행사인 People을 수식한다.

03 [국어 | 동백꽃 김유정] 소설가 김유정

본문 p.56~59

교육부 지정 중학 필수 어휘
1 reflected **2** participated **3** literature **4** found **5** regular **6** neighbor

START READING!
1 ③ **2** (1) T (2) T (3) F

KEEP READING!
1 ④ **2** ③ **3** (b) **4** Regular[regular]

KEEP READING! 해설

1 지문에 가장 적절한 제목을 고르는 문제이다. 김유정 작가와 그의 고향인 실레 마을에 관한 내용이므로 정답은 ④이다.
① 마을 사람들을 위해서 김유정이 지은 학교
② 김유정이 2002년에 받은 상
③ 김유정의 가장 잘 팔리는 책들

④ 김유정 작가와 그의 고향, 실레
⑤ 실레에 있는 다양한 음식과 관광지

2 그는 시골에 사는 평범한 사람들의 삶에 대해 글 쓰는 것을 좋아했다(He liked to write ~ in the countryside.)고 했으므로 ③은 일치하지 않는다.

3 본문의 reflected는 '반영하다'라는 뜻이다. 따라서 정답은 (b)이다.
(a) 그의 모습이 호수 수면에 비쳤다.
(b) 이 결정은 그의 성향을 또렷하게 반영했다.

4 (1) (A) 규칙적인 운동은 건강에 중요하다.
(2) 그는 단지 일하고 자신의 가족을 사랑하는 (B) 평범한 남자이다.
첫 번째 문장의 (A)는 '규칙적인'이라는 말이 들어가고, 두 번째 문장의 (B)는 '평범한'이라는 말이 들어가므로, 정답은 Regular[regular](규칙적인, 정기적인; 일반적인, 평범한)이다.

끊어서 읽기

김유정은 작가였다 / 춘천의 실레라는 작은 마을을 대표하는.
[1] Kim Yu-jeong was a writer / who represented the small town of Sile, Chuncheon.

그는 실레에서 태어났다 / 그리고 서울로 이사갔다 / 그가 어렸을 때.
[2] He was born in Sile / and moved to Seoul / when he was young.

그러나 그는 결코 고향 실레를 잊지 않았다.
[3] However, he never forgot his hometown, Sile.

20대에 / 그는 실레로 돌아왔다 / 그리고 야간 학교를 설립했다 / 이웃을 위해.
[4] In his twenties, / he moved back to Sile / and founded a night school / for his neighbors.

그는 거기에서 한글을 가르쳤다.
[5] He taught Hangeul there.

그는 반영하기도 했다 / 실레의 사람들의 삶을 / 그의 이야기에.
[6] He even reflected / the lives of people in Sile / in his stories.

그의 소설의 배경은 / 「봄봄」, 「동백꽃」과 같은 / 실레였다.
[7] The settings of his novels, / such as "Spring Spring"(Bom Bom) and "The Camellias"(Dongbaekkot), / were Sile.

그는 쓰는 것을 좋아했다 / 평범한 사람들의 삶에 대해 / 시골에 사는.
[8] He liked to write / about the lives of regular people / in the countryside.
(to write: to+동사원형 〈~하는 것을〉)

지금 실레에는 / 김유정 문학촌이 있다.
[9] Now, in Sile, / there is the Kim Yu-jeong Literature Village.

그것은 2002년에 조성되었다 / 그를 기념하여.
[10] It was developed in 2002 / in memory of him.

마을에서 / 당신은 방문하고 돌아볼 수 있다 / 김유정의 생가와 다양한 박물관을.
[11] In the village, / you can visit and look around / Kim Yu-jeong's birthplace and various museums.

그것은 우리에게 말해준다 / 김유정과 그의 작품에 대해.
[12] It tells us / about Kim Yu-jeong and his works.

김유정 역이 있다 / 마을 근처에는 / ~도.
[13] There is Kim Yu-jeong Station / near the village / as well.

그것은
[14] It was the

어휘 확인하기

represent 대표하다, 대신하다
hometown 고향
found 설립하다, 기초를 세우다
night school 야간 학교
neighbor 이웃, 이웃사람
reflect 반사하다, 비치다; 반영하다, 나타내다
setting 배경
novel 소설
regular 규칙적인, 정기적인; 일반적인, 평범한
countryside 시골 지역
literature 문학 (작품), 문예; 조사[연구] 보고서, 논문
village 마을
develop 개발하다, 조성하다
in memory of ~을 기념[추모]하여
birthplace 생가, 출생지
various 여러 가지의, 다양한
station 역, 정거장
name after ~의 이름을 따서 이름 짓다
participate 참가하다, 참여하다

[선택지 어휘]
villager 마을 사람
best-selling 가장 많이 팔리는
tourist site 관광지
surface 표면, 수면
decision 결정, 판단
clearly 또렷하게, 분명히

첫 번째 기차역이었다 / 한국에서 사람 이름을 딴.
first train station / which was named after a person in Korea. [15]If

당신이 실레를 3월이나 5월에 방문한다면 // 당신은 김유정 축제에도 참여할 수 있다.
you visit Sile in March or May, // you can also participate in a Kim

Yu-jeong festival.

해석 한눈에 보기

1 김유정은 춘천의 실레라는 작은 마을을 대표하는 작가이다. 2 그는 실레에서 태어났고, 어린 시절에 서울로 이사 갔다. 3 그러나 그는 결코 고향인 실레를 잊지 않았다. 4 20대에 그는 실레로 돌아왔고 이웃을 위해 야간 학교를 설립했다. 5 그는 거기에서 한글을 가르쳤다. 6 그는 자신의 이야기에 실레 사람들의 삶을 반영하기도 했다. 7 「봄봄」, 「동백꽃」 같은 그의 소설의 배경은 실레였다. 8 그는 시골의 평범한 사람들의 삶에 대해 쓰는 것을 좋아했다. 9 지금 실레에는 김유정 문학촌이 있다. 10 그것은 그를 기념하여 2002년에 조성되었다. 11 마을에서 당신은 김유정의 생가와 여러 박물관을 방문하고 둘러볼 수 있다. 12 그것은 우리에게 김유정과 그의 작품에 대해 말해준다. 13 마을 근처에는 김유정 역도 있다. 14 그것은 한국에서 사람의 이름을 딴 첫 번째 기차역이었다. 15 당신이 실레를 3월이나 5월에 방문한다면, 김유정 축제에도 참여할 수 있다.

필수 구문 확인하기

14 It was *the first train station* [**which** was **named after** a person in Korea].

- which는 주격 관계대명사로, which 이하는 선행사인 the first train station을 수식한다.
- name after는 '~의 이름을 따서 이름 짓다'라는 뜻이다.

04 [과학 | 소화·순환·호흡·배설] 배고픔도 가짜가 있다?

본문 p.60~63

교육부 지정 중학 필수 어휘
1 fake 2 satisfied 3 meals 4 tired 5 hunger 6 research

START READING!
1 식사, 끼니 2 (1) T (2) T (3) F

KEEP READING!
1 ③ 2 ④ 3 ① 4 (a) 5 fake

KEEP READING! 해설

1 지문에 가장 적절한 주제를 고르는 문제이다. 가짜 배고픔이 무엇인지와 이에 대처하는 방법에 대해 설명하고 있으므로 정답은 ③이다.
① 건강한 식단을 만드는 방법
② 배에서 시끄러운 소리가 나도록 만드는 것
③ 가짜 배고픔이 무엇이며 그것에 맞서는 방법
④ 포만감을 더욱 길게 느끼는 방법
⑤ 배고픔에서 오는 스트레스는 무엇이며 그것을 다루는 방법

2 가짜 배고픔으로 인해 초콜릿 같은 특정 음식을 먹은 후에도 배고픔은 계속 느껴진다(You will want ~ after eating it.)고 했으므로 정답은 ④이다.

3 만약 가짜 배고픔을 느낀다면 가장 좋은 해결책은 무엇인지 고르는 문제이다. 지문에서 가짜 배고픔을 느낀다면 스트레스의 이유를 찾고 약간의 운동을 하는 것이 가장 좋다(Finally, if you are feeling ~ and get some exercise.)고 했으므로 정답은 ①이다.

4 본문의 hunger는 '배고픔'이라는 뜻이다. 따라서 정답은 (a)이다.

(a) 초콜릿 바가 내 배고픔을 달래는 데 현재로서는 충분할 거로 생각해.
(b) 그 농구선수는 우승하는 것에 대한 갈망이 성공의 열쇠라고 언급했다.

5 (1) 그는 가난하지만, 부자인 (A) 척하려고 계획하고 있다.
(2) 그 유명 인사는 진짜 대신 (B) 가짜 모피를 입었고 모두 그녀를 칭찬했다.
첫 번째 문장의 (A)는 '~인 척하다'라는 말이 들어가고, 두 번째 문장의 (B)는 '가짜의'라는 말이 들어가야 적절하므로 정답은 fake(가짜의; ~인 척하다)이다.

끊어서 읽기

만약 배고픔이 진짜라면 // 당신은 점점 더 배고파질 것이다 // 시간이 지날수록.
[1] If hunger is real, // you will get hungrier // as time passes. [2] You

당신은 느낄 것이다 // 당신이 식사를 하고 싶다고 // 그리고 당신의 배는
will feel like // you want to have a meal, // and your stomach will
(to have: to+동사원형 〈~하는 것을〉)

소리를 내기 시작할 것이다. 당신은 식사를 한 후에 // 행복하고 만족스러움을 느낄 것이다.
start to make noises. [3] After you have a meal, // you will feel happy
(to make: to+동사원형 〈~하는 것을〉)

반면에 / 당신이 마지막 식사를 했다면 /
and satisfied. [4] On the other hand, / if you had your last meal / less

세 시간 전도 안 된 때에 / 그리고 갑자기 배고픔을 느낀다면 // 그 배고픔은 가짜이다.
than three hours ago / and suddenly feel hungry, // the hunger is

당신의 배고픔은 점점 더 심해질 것이다 // 당신이 스트레스를 받고 있다면.
fake. [5] Your hunger will get worse // if you are under stress. [6] You

당신은 특정한 음식을 원할 것이다 / 초콜릿 같은. 그리고 당신은 여전히 배고픔을 느낄 것이다
will want a particular food, / such as chocolate. [7] And you'll still feel

/ 그것을 먹은 후에도. 연구에 따르면 / 당신이
empty / even after eating it. [8] According to research, / the times you

쉽게 가짜 배고픔을 경험하는 시간은 / 오전 11시 1분, 오후 3시 13분, 그리고 저녁 9시 31분이다.
easily experience fake hunger / are 11:01 a.m., 3:13 p.m., and 9:31

이것은 ~이다 // 우리가 피곤과 스트레스를 가장 많이 느끼기 때문(에) / 이런 시간에.
p.m. [9] This is // because we feel tired and stressed the most / at these times.

가짜 배고픔을 극복하기 위해서는 / 물 한 잔을 마셔라.
[10] In order to overcome fake hunger, / drink a cup of water. [11] If you

만약 여전히 배고픔을 느낀다면 / 물을 마시고 20분 후에 // 그것은 진짜 배고픔일지도 모른다.
still feel hungry / 20 minutes after drinking water, // it might be

당신이 당신의 가짜 배고픔을 처리할 수 없을 때 //
real hunger. [12] When you can't take care of your fake hunger, // eat

약간의 과일을 먹어라. 마지막으로, 당신이 가짜 배고픔을 느끼고 있다면 //
some fruit. [13] Finally, if you are feeling fake hunger, // the best thing

가장 좋은 것은 원인을 찾는 것이다 / 당신의 스트레스의 / 그리고 운동을 좀 하는 것.
is to find out the reason / for your stress / and get some exercise.

어휘 확인하기

hunger 굶주림, 기아; 배고픔; (~에 대한) 갈구[갈망]
meal 식사, 끼니
stomach 위, 배
satisfied 만족하는, 흡족해하는
on the other hand 다른 한편으로는, 반면에
suddenly 갑자기
fake 가짜의, 거짓된; 위조하다; 꾸미다, ~인 척하다
get worse 악화되다, 점점 나빠지다
particular 특정한
empty 공복의, 배고픈
according to ~에 따르면
research 연구, 조사; 연구하다, 조사하다
experience 경험하다
tired 피로한, 피곤한, 지친; 싫증난; (어떤 것이) 지겨운
in order to ~하기 위해서, ~하려고
overcome 극복하다
reason 이유, 까닭

[선택지 어휘]
manage 관리하다
celebrity 유명 인사

해석 한눈에 보기

[1] 만약 배고픔이 진짜라면, 당신은 시간이 지날수록 점점 더 배고파질 것이다. [2] 당신은 식사를 하고 싶다고 느낄 것이고 배는 소리를 내기 시작할 것이다. [3] 식사 후에 당신은 행복하고 만족감을 느낄 것이다. [4] 반면에 당신이 마지막으로 식사를 한 지 세 시간이 채 안 되어서 갑자기 배고픔을 느낀다면, 그 배고픔은 가짜이다. [5] 당신의 배고픔은 당신이 스트레스를 받을 때 더 심해질 것이다. [6] 당신은 초콜릿 같은 특정한 음식을 원할 것이다. [7] 그리고 당신은 그것을 먹은 후에도 여전히 배고픔을 느낄 것이다. [8] 연구에 따르면 당신이 쉽게 가짜 배고픔을 경험하는 시간은 오전 11시 1분, 오후 3시 13분, 그리고

저녁 9시 31분이다. [9]이것은 우리가 이런 시간에 가장 많이 피곤하고 스트레스를 받기 때문이다.
[10]가짜 배고픔을 극복하기 위해서는 물 한 잔을 마셔라. [11]만약 물을 마시고 20분 후에도 여전히 배고픔을 느낀다면 그것은 진짜 배고픔일지도 모른다.
[12]당신이 가짜 배고픔을 처리할 수 없다면 약간의 과일을 먹어라. [13]마지막으로 당신이 가짜 배고픔을 느끼고 있다면, 가장 좋은 것은 스트레스의 원인을 찾고 운동을 좀 하는 것이다.

필수 구문 확인하기

[10]**In order to overcome** fake hunger, drink a cup of water.

▸ 「in order+to+동사원형」은 '~하기 위해서'의 의미이다.

[13]Finally, if you are feeling fake hunger, the best thing is **to find out** the reason for your stress *and* (to) **get** some exercise.

▸ to find out 이하는 문장의 보어로 '~하는 것'이라는 의미이다. to부정사인 to find out과 (to) get이 and로 연결되어 있다.

01 [과학 | 과학의 발달과 생활] 3D 프린터

본문 p.66~69

교육부 지정 중학 필수 어휘
1 aimed **2** imagine **3** organization **4** limit **5** quite **6** Recently

START READING!
1 you think of letters or pictures **2** (1) T (2) T (3) F

KEEP READING!
1 ③ **2** ④ **3** limit **4** (b) **5** imagine

KEEP READING! 해설

1 지문에 가장 적절한 주제를 고르는 문제이다. 3D 프린팅 기술로 입체 물체를 찍어 내는 방법에 대해 설명하고 있으므로 정답은 ③이다.
① 요즘 새로운 기술을 개발하는 방법
② 기술로 신체 부위를 만드는 방법
③ 3D 프린팅이라는 새로운 기술
④ 3D 프린팅과 2D 프린팅의 차이점
⑤ 과학과 기술의 역사

2 최근에 NASA는 이 기술을 통해 로켓 엔진의 일부를 설계했다(Recently, NASA designed ~ with this technology.)고 했으므로 정답은 ④이다.

3 (1) 대부분의 병원은 환자가 가질 수 있는 방문자 수를 (A) 제한한다.
(2) 그 마라톤은 그녀의 능력의 (B) 한계를 시험했다.
첫 번째 문장의 (A)는 '제한하다'라는 말이 들어가고, 두 번째 문장에서 (B)는 '한계'라는 말이 들어가야 적절하므로 정답은 limit(한계, 한도; 제한; 제한하다)이다.

4 밑줄 친 문장의 앞부분에 집이나 학교에 3D 프린터가 있다면 장난감이나 접시, 또는 학교 과제를 도울 수 있는 3D 모형과 같은 많은 것들을 만들 수 있다(You could make ~ your school projects!)는 내용이 나왔으므로, 밑줄 친 문장의 '유일한 한계는 상상력'이라는 말은 상상하는 것은 무엇이든 만들 수 있다는 의미이다. 따라서 정답은 (b)이다.
(a) 당신은 상상력을 키워야 한다.
(b) 당신은 3D 프린터로 당신이 상상하는 무엇이든 만들 수 있다.
(c) 당신은 상상력으로 가득 차 있다.

5 '마음속에 어떤 사물이나 어떤 사람의 모습을 만들어 내는 것'이라는 의미이므로 정답은 imagine(상상하다, (마음으로) 그리다)이다.

끊어서 읽기

3D 프린팅 기술 덕분에 / 당신은 ~의 모양을 볼 수 있을 뿐만 아니라
[1] Thanks to 3D printing technology, / you can not only see the

/ 프린트된 물체를 느끼고 만질 수도 있다.
shape of / but also (can) feel and touch a printed object. [2] Do you

당신은 알고 싶은가 // 그것이 어떻게 작동하는지? 그것은 꽤 쉽다 / 이해하기에.
want to know // how it works? [3] It is quite easy / to understand.
(to+동사원형 (~하기에))

돌이켜 생각해 보라 / 당신이 점토를 가지고 놀았던 때를 / 아이로서. 가령
[4] Think back / to when you played with Play-doh / as a kid. [5] Let's

어휘 확인하기

thanks to ~ 덕분에
technology 기술
object 물건, 물체
work 작동하다
quite 꽤, 상당히; 지극히, 아주
let's say 가령, 이를테면
bottom 바닥
layer 층, 겹
at a time 한 번에

// 당신은 집을 한 채 만들고 싶다. 당신은 바닥 층부터 시작한다.
say // you want to make a house. [6] You start with the bottom layer.

그러고 나서 당신은 한 층을 더한다 / 한 번에 // 집이 만들어질 때까지.
[7] You then add on a layer / at a time // until a house is created.

그것은 저것과 꽤 비슷하다. 3D 프린터는 물건들을 만든다 / 층을 더함으로써.
[8] It's pretty similar to that. [9] 3D printers create things / by adding
by -ing (~함으로써)
layers.

3D 프린터를 가지는 것을 상상해라 / 집이나 학교에.
[10] Imagine having a 3D printer / at home or school. [11] You

당신은 많은 것들을 만들 수 있을 것이다 / 장난감이나 접시와 같은 / 혹은 심지어 3D 모형과 (같은)
could make lots of things, / such as toys or dishes, / or even 3D

/ 당신의 학교 과제를 도울 수 있는! 당신은 알게 될 것이다 //
models / to help your school projects! [12] You'll find // that your
to+동사원형 (~하는)

당신의 유일한 한계는 당신의 상상력이라는 것을. 3D 프린팅은 사용된다 /
only limit is your imagination. [13] 3D printing is used / in many big

많은 큰 조직에서 / 오늘날. 최근에 / NASA는 그것의 로켓 엔진의 일부를 설계했다
organizations / today. [14] Recently, / NASA designed a part of its

/ 이 기술로. 일부 큰 자동차 회사들은
rocket engine / with this technology. [15] Some big auto companies

그것을 사용하고 있다 / 새로운 자동차의 견본을 만들기 위해. 어떤 의사들은 심지어 신체 부위를
are using it / to make new models of cars. [16] Some doctors are even
to+동사원형 (~하기 위해)

만드는 것을 목표로 한다 / 3D 프린팅으로!
aiming to create body parts / with 3D printing!

create 만들다, 창조하다
pretty 꽤, 상당히
similar 비슷한
imagine 상상하다, (마음으로) 그리다
model 모형, 견본
project 프로젝트, 과제
limit 한계, 한도; 제한; 제한하다
imagination 상상력, 상상
organization 조직, 단체
recently 최근에
design 설계하다
auto 자동차
aim 목적, 목표; ~을 목표로 하다; 겨냥하다

[선택지 어휘]
develop 개발하다, 발달하다
patient 환자

해석 한눈에 보기

[1] 3D 프린팅 기술 덕분에 당신은 프린트된 물체의 모양을 볼 수 있을 뿐 아니라, 느끼고 만질 수도 있다. [2] 당신은 그것이 어떻게 작동하는지 알고 싶은가? [3] 그것은 꽤 이해하기 쉽다. [4] 아이로서 점토를 가지고 놀았던 때를 돌이켜 생각해 보라. [5] 가령 당신이 집을 한 채 짓고 싶다고 하자. [6] 당신은 바닥 층부터 시작한다. [7] 그러고 나서 당신은 집이 만들어질 때까지 한 번에 한 층씩 더한다. [8] 그것은 저것과 꽤 비슷하다. [9] 3D 프린터는 층을 더함으로써 물건들을 만든다.
[10] 집이나 학교에 3D 프린터가 있다고 상상해 보라. [11] 당신은 장난감이나 접시, 심지어 학교 과제를 도울 수 있는 3D 모형과 같은 것들을 많이 만들 수 있을 것이다! [12] 당신은 자신의 유일한 한계가 상상력이라는 것을 알게 될 것이다. [13] 3D 프린팅은 오늘날 많은 큰 조직에서 사용된다. [14] 최근에 NASA는 이 기술로 로켓 엔진의 일부를 설계했다. [15] 일부 큰 자동차 회사들은 새로운 자동차의 견본을 만들기 위해 그것을 사용하고 있다. [16] 어떤 의사들은 심지어 3D 프린팅으로 신체 부위를 만들 목표를 세우고 있다!

필수 구문 확인하기

1 Thanks to 3D printing technology, you can **not only** see the shape of **but also** feel and touch a printed object.

▸ 「not only A but also B」는 'A뿐만 아니라 B도'의 의미이다.

2 Do you want to know **how it works**?

▸ how it works는 know의 목적어로 쓰인 간접의문문으로 「의문사+주어+동사」의 어순이다.

3 It is quite *easy* [**to understand**].

▸ to understand는 '~하기에'의 의미로 형용사 easy를 수식하며 '정도'를 나타내는 부사적 용법의 to부정사이다.

11 You **could** make lots of things, such as toys or dishes, or even *3D models* [**to help** your school projects]!

▸ 조동사 can의 과거형 could는 가정법의 if절이 없더라도 가정의 의미를 나타낼 수 있다.
▸ to help 이하는 3D models를 수식하는 형용사적 용법의 to부정사이다.

02 [역사 | 진·한 통일 제국의 성립] 종이를 발명한 채륜

본문 p.70~73

교육부 지정 중학 필수 어휘
1 Modern **2** bark **3** succeed **4** soak **5** net **6** fabric

START READING!
1 one of the greatest inventions **2** 근대의, 현대의

KEEP READING!
1 ① **2** ② **3** ⑤ **4** bark

KEEP READING! 해설

1 지문에 가장 적절한 제목을 고르는 문제이다. 채륜이 현대의 종이를 어떻게 발명하게 되었는지에 대한 글이므로 정답은 ①이다.
① 어떻게 현대의 종이가 발명되었을까?
② 종이의 주된 용도는 무엇인가?
③ 종이를 발명하라는 왕의 명령
④ 어떻게 채륜이 부자가 되었을까?
⑤ 종이를 비밀로 하려는 채륜의 노력

2 채륜은 여러 가지 재료들로 종이를 발명하기 위해 많은 시도를 했다고 했으므로 정답은 ②이다.
① 채륜은 왕의 신하였다.
② 채륜은 첫 번째 시도에서 종이를 만드는 것에 성공했다.
③ 채륜은 가장 적절한 것을 찾기 위해 여러 가지 것들을 시도했다.
④ 채륜은 종이를 만드는 법을 적어서 왕에게 그것을 보여주었다.
⑤ 왕은 채륜의 발명품을 보고 매우 기뻐했다.

3 채륜의 업적을 존경해서 종이를 '채후지'라고 명명한 것은 왕이므로 ⓔ는 왕(the king)을 가리키며 나머지는 모두 채륜을 지칭한다. 따라서 정답은 ⑤이다.

4 (1) 우리 개는 이상한 무언가를 들을 때, (A) 짖기 시작한다.
(2) 그 다람쥐는 나무에서 (B) 나무껍질을 긁고 있었다.
첫 번째 문장의 (A)에는 '짖다'라는 말이 들어가고 두 번째 문장의 (B)에는 '나무껍질'이라는 말이 들어가야 적절하므로 정답은 bark(나무껍질; (개가) 짖다)이다.

끊어서 읽기

[1] Cai Lun invented (채륜은 발명했다) / both modern paper and the process of making it, (현대의 종이와 그것을 만드는 과정 둘 다를) // though he was only a servant of the king (비록 그는 단지 왕의 신하였지만) / at the time. (그때.) [2] Since (~이기 때문에) he worked for the king, (그는 왕을 위해 일했기 때문에) // he often went into towns and villages (그는 종종 도시와 마을로 갔다) /

though (비록 ~이지만)

어휘 확인하기

invent 발명하다
modern 근대의, 현대의
process 과정
though (비록) ~이지만
servant 하인, 종
silk 실크, 비단

사람들의 삶을 보기 위해. 어느 날 / 그는 비단 가게를 방문했다 / 그리고
to see people's lives. 3 One day, / he visited a silk shop / and
to+동사원형 (~하기 위해)

얇고 하얀 천을 발견했다. 그것을 주의 깊게 살펴본 후 / 그는 결정을 내렸다 //
found a thin, white fabric. 4 After checking it carefully, / he decided //

그것이 쓰기에 사용될 수 있을 거라고.
it could be used for writing.

그가 집으로 돌아왔을 때 // 그는 공을 들이기 시작했다 / 직물을 만드는 데
5 When he returned home, // he started to work on / making a
to+동사원형 (~하는 것을)

/ 가게에서 본 하얀 천 같은. 그는 많은 것들을 시도했다 /
material / like the white fabric from the store. 6 He tried many things /

나무껍질, 옷감, 심지어 그물로 / 그것을 끓이는 것 같은 /
with the bark of trees, cloth, and even nets, / such as boiling them, /

액체에 담그고 / 그것을 두드리는 (것 같은). 많은 시도 후에 /
soaking them, / and beating them. 7 After many attempts, /

그는 마침내 성공했다.
he finally succeeded.

그는 종이를 만드는 과정을 기록했다 / 그리고 완성된 결과물을
8 He recorded the process of paper making / and showed the

왕에게 보여주었다. 왕은 매우 기뻐했다 //
finished product to the king. 9 The king was very pleased, // and

그리고 왕은 그 종이를 '채후지'라고 이름 붙였다 / 채륜의 업적에 대한 존경심에서.
he named the paper "Cai Hou Paper" / out of respect for Cai's

그날 / 종이는 우리 역사의 한 부분이 되었다.
work. 10 On that day, / paper became a part of our history.

fabric 직물, 천
work on ~에 애쓰다, ~에 공을 들이다
material 직물, 천
bark 나무껍질; (개 등이) 짖는 소리; (개가) 짖다
cloth 옷감, 직물, 천
net 그물
boil 끓이다
soak (액체 속에) 적시다, 담그다
beat 두드리다
attempt 시도
finally 마침내, 드디어
succeed 성공하다
record 기록하다
product 결과물
pleased 기쁜, 기뻐하는
out of respect 존경심에서

[선택지 어휘]
effort 노력
suitable 적절한, 알맞은

해석 한눈에 보기

1 채륜은 비록 당시에 왕의 신하일 뿐이었지만, 현대의 종이와 그것을 만드는 과정 둘 다를 발명했다. 2 그는 왕을 위해 일했기 때문에 사람들의 생활을 보기 위해 종종 도시와 마을로 갔다. 3 어느 날 그는 비단 가게를 방문했고 얇고 하얀 천을 발견했다. 4 그것을 주의 깊게 살펴본 후, 그는 그것이 쓰기에 사용될 수 있을 것이라고 결정을 내렸다.
5 그는 집으로 돌아와서 가게의 흰 천과 같은 직물을 만드는 데 공을 들이기 시작했다. 6 그는 나무껍질, 옷감, 심지어 그물로 끓이거나 액체에 담그거나 두드리는 것 같은 많은 것들을 시도했다. 7 많은 시도 후에 그는 마침내 성공했다.
8 그는 종이를 만드는 과정을 기록했고 최종 결과물을 왕에게 보여주었다. 9 왕은 매우 기뻐했고 그는 채륜의 업적에 대한 존경심에서 그 종이를 '채후지'라고 이름 붙였다. 10 그날, 종이는 우리 역사의 한 부분이 되었다.

필수 구문 확인하기

1 Cai Lun invented **both** modern paper **and** the process of making it, **though** he was only a servant of the king at the time.

▸ 「both A and B」는 'A와 B 둘 다'라는 뜻이다.

▸ though는 '비록 ~이지만'이라는 뜻의 양보를 나타내는 접속사이다.

2 **Since** he worked for the king, he often went into towns and villages **to see** people's lives.

▸ since는 '~이기 때문에'라는 뜻의 이유를 나타내는 접속사이다.

▸ to see는 '보기 위해'의 의미로, '목적'을 나타내는 부사적 용법의 to부정사이다.

03 [수학 | 도형의 기초] 피라미드의 숨겨진 각도

본문 p.74~77

교육부 지정 중학 필수 어휘

1 square **2** slid **3** exact **4** peak **5** pile **6** million

START READING!

1 ① **2** (1) T (2) T (3) F

KEEP READING!

1 ② **2** ⑤ **3** slide **4** 모래가 내리막 아래로 미끄러지지 않는 각도 **5** exact

KEEP READING! 해설

1 지문에 가장 적절한 제목을 고르는 문제이다. 이집트에 있는 기자 피라미드의 미스터리에 대한 내용이므로 정답은 ②이다.
① 피라미드를 짓는 데 사용된 수학
② '기자'라고 불리는 피라미드의 미스터리
③ '기자'라고 불리는 피라미드에 있는 보물들
④ 피라미드에서 일어난 흥미로운 사건들
⑤ 가장 사랑받은 이집트의 왕, '쿠푸'

2 전문가들은 피라미드를 지을 때 고대 이집트인들이 51.52도에 대해 알았는지 아닌지 여전히 알지 못한다(Experts still don't ~ built the pyramid.)고 했으므로 정답은 ⑤이다.

3 (1) 아이들은 언덕 아래로 (A) 미끄러지면서 웃는다.
(2) 놀이터에서는 부모들은 아이들이 (B) 미끄럼틀을 탈 때 지켜봐야 한다.
첫 번째 문장의 (A)에는 '미끄러지다'라는 말이 들어가고, 두 번째 문장의 (B)는 '미끄럼틀'이라는 말이 들어가야 적절하므로, 정답은 slide(미끄러지다; 미끄러지게 하다, 미끄러뜨리다; 미끄러짐; (어린이용의) 미끄럼틀)이다.

4 '모래를 유지할 가장 가파른 각도'가 무슨 뜻인지를 묻는 문제이다. 51.52도의 각도에서 한 무더기의 건조한 모래가 내리막 아래로 미끄러지지 않을 것이라고(In other words, at the angle ~ not slide downhill.) 했으므로 정답은 '모래가 내리막 아래로 미끄러지지 않게 하는 각도'이다.

5 '모든 점에서 같거나 맞는'이라는 의미이므로 정답은 exact(정확한, 정밀한)이다.

끊어서 읽기

기자 피라미드의 바닥은 / 완벽한 정사각형이다.
[1] The base of the Great Pyramid of Giza / is a perfect square. [2] Each
각 변은 약 230미터이다. 게다가 / 네 변은 북, 남, 동, 서쪽을 향하고 있다.
side is about 230 meters. [3] In addition, / the four sides face north,
고대의 이집트인들은 그 피라미드를 지었다 /
south, east, and west. [4] Ancient Egyptians built the pyramid / with
230만 개의 돌덩어리로. 이 거대한 무덤에 대한 많은 미스터리가 있다,
2.3 million blocks of rock. [5] There are many mysteries about this
// 그리고 어떤 사람들은 여전히 일하고 있다 / 그것을 풀기 위해.
giant tomb, // and some people are still working / to solve them.
to+동사원형 (~하기 위해)
미스터리 중 한 가지는 / 피라미드의 각도에 대한 것이다.
[6] One of the mysteries / is about the angle of the pyramid. [7] Each
기자 피라미드의 각 변은 갖고 있다 / 51.52도의 정확한 각도를 /
side of the Great Pyramid has / an exact angle of 51.52 degrees /

어휘 확인하기

base 토대, 바닥
square 정사각형; 광장
in addition 게다가
face ~을 향하다
ancient 고대의
million 100만; 수많은
mystery 미스터리, 신비
tomb 무덤
solve 풀다
angle 각도
exact 정확한, 정밀한
degree (각도의 단위인) 도
peak 절정, 최고조; 정상, 꼭대기; 절정기의, 한창인
in other words 다시 말해서, 즉

꼭대기까지. 51.52도라는 각도는 / 보통의 각도가 아니다.
to the peak. [8] An angle of 51.52 degrees / is not just any angle. [9] It

그것은 가장 가파른 각도이다 / 모래를 유지할. 다시 말해 /
is the sharpest angle / that will hold sand. [10] In other words, / at

51.52도의 각도에서 / 건조한 모래 더미가 내리막 아래로 미끄러지지 않을 것이다.
the angle of 51.52 degrees, / a pile of dry sand will not slide

전문가들은 여전히 알지 못한다 // 고대 이집트인들이 알았는지 아닌지
downhill. [11] Experts still don't know // whether or not the ancient

/ 51.52도에 대해 / 피라미드를 지었을 때.
Egyptians knew / about the 51.52 degrees / when they built the

어느 쪽이든 / 기자 피라미드는 / 확실히 많은 미스터리로 가득하다
pyramid. [12] Either way, / the Great Pyramid of Giza / is surely full of

many mysteries.

pile 쌓아 놓은 것, 더미; 쌓다, 포개다
slide 미끄러지다; 미끄러지게 하다, 미끄러뜨리다; 미끄러짐; (어린이용의) 미끄럼틀
downhill 내리막[비탈] 아래로
expert 전문가
whether ~인지
surely 확실히
full of ~로 가득 찬

[선택지 어휘]
treasure 보물

해석 한눈에 보기

1 기자 피라미드의 바닥은 완벽한 정사각형이다. 2 각 변은 약 230미터이다. 3 게다가 네 변은 북, 남, 동, 서쪽을 향해 있다. 4 고대 이집트인들은 230만 개의 돌덩어리로 그 피라미드를 지었다. 5 이 거대한 무덤에 대한 많은 미스터리가 있고 어떤 사람들은 여전히 그것을 풀기 위해 일하고 있다. 6 미스터리 중 하나는 피라미드의 각도에 대한 것이다. 7 기자 피라미드의 각 변은 꼭대기까지 51.52도의 정확한 각도를 갖고 있다. 8 51.52도라는 각도는 보통의 각도가 아니다. 9 그것은 모래를 유지할 가장 가파른 각도이다. 10 다시 말해, 51.52도의 각도에서, 건조한 모래 더미가 내리막 아래로 미끄러지지 않을 것이다. 11 전문가들은 피라미드를 지었을 때, 고대 이집트인들이 51.52도에 대해 알았는지 아닌지 여전히 알지 못한다. 12 어느 쪽이든, 기자 피라미드는 확실히 많은 미스터리로 가득하다.

필수 구문 확인하기

9 It is *the sharpest angle* [**that** will hold sand].

▸ that은 주격 관계대명사로, that will hold sand는 앞의 the sharpest angle을 꾸며준다.

11 Experts (S) still don't know (V) **whether or not** the ancient Egyptians ~. (O)

▸ whether or not은 '~인지 아닌지'의 의미로, 접속사 whether 이하는 문장의 목적어이다.

04 [사회 I 일상생활과 법] 외국 여행 전 알아야 할 법

본문 p.78~81

교육부 지정 중학 필수 어휘
1 expecting 2 packed 3 refused 4 sensitive 5 yard 6 soldiers

START READING!
1 ① 2 Each country has a different

KEEP READING!
1 ④ 2 (1) T (2) F (3) T 3 ② 4 ④ 5 refuse

KEEP READING! 해설

1 지문에 가장 적절한 주제를 고르는 문제이다. 여러 국가들의 색다른 법을 소개하는 글이므로 정답은 ④이다.

2 지문에서 캐나다에서 고액권 지폐를 사용하기 어렵다는 내용은 언급되지 않았으므로 (2)는 F이다.

3 빈칸 앞부분에서 정부는 오직 군인에게만 군의 문양을 입는 것을 허락한다(The government only ~ army patterns.)는 내용이 나오고 빈칸이 포함된 문장에서는 바베이도스에 여행을 갈 계획이 있다면 군의 문양이 있는 물품을 챙기지 말라는 내용이 있으므로 빈칸에는 결과를 나타내는 접속사 ②가 적절하다.
① 그러나 ② 그러므로 ③ 대신에 ④ 또한 ⑤ 예를 들어

4 여러 나라의 색다른 법을 소개하며, 우리에겐 큰 문제처럼 보이지 않는 것들이 다른 나라에서는 허용되지 않는다는 내용이므로, (A)에는 different가, (B)에는 allowed가 적절하다. 따라서 정답은 ④이다.
모든 국가들에는 (A) 다른 법이 있고 어떠한 행동들은 어떤 국가에서는 (B) 허용되지 않는다.

	(A)		(B)
①	같은	……	허용되지
②	비슷한	……	거절되지
③	다른	……	예상되지
④	다른	……	허용되지
⑤	비슷한	……	거절되지

5 '누군가가 당신에게 무엇을 하라고 요청했을 때 거절하는 것'이라는 의미이므로 정답은 refuse(거절하다, 거부하다)이다.

끊어서 읽기

당신이 카자흐스탄으로 여행할 때 // 사진을 찍지 마라 /
1 When you travel to Kazakhstan, // do not take pictures / in front
공항이나 군 또는 정부 건물 앞에서. 그것은 법에 위배된다
of airports or military or government buildings. 2 It is against the
// 카자흐스탄 정부는 매우 민감하기 때문에 / 스파이 활동에.
law // because the Kazakh government is very sensitive / about spying.
바베이도스에서는 / 당신은 군복을 입어서는 안 된다 / 여행 중에.
3 In Barbados, / you must not wear military clothing / during your
정부는 군인들에게만 허용한다 / 군대의 문양을 입는 것을.
trip. 4 The government only allows its soldiers / to wear army
그러므로 만약 계획이 있다면 / 바베이도스로 여행을 갈 //
patterns. 5 So, if you have plans / to take a trip to Barbados, // do
to+동사원형 (~할, ~하는)
짐을 싸지 마라 / 군대의 문양이 있는 물품을 / 티셔츠, 바지, 모자, 시계, 가방 등과 같은.
not pack / any item with army patterns, / such as T-shirts and
pants, caps, watches, bags, and so on.

당신이 캐나다에서 쇼핑을 할 때 / 동전만 있다면 //
6 When you are shopping in Canada / and only have coins, // don't
계산대의 점원이 그것을 받아 줄 것을 기대하지 마라. 법에 따라 /
expect cashiers to accept them. 7 According to the law, / stores in
캐나다의 상점들은 / 동전을 거절할 수 있다 // 만약 손님이 지불하려고 한다면 / 동전으로만.
Canada / can refuse coins // if customers try to pay / only with
25개 이상의 1센트 동전은 / 받아들여지지 않을 것이다. 반드시 ~해라
coins. 8 More than 25 one-cent coins / will not be accepted. 9 Make
/ 약간의 지폐를 가져가는 것을 // 캐나다에서 쇼핑할 때.
sure / to bring some paper money // when you shop in Canada.

어휘 확인하기

military 군(대)의, 군사의
government 정부, 정권
law 법, 법률
sensitive 예민한, 민감한; 세심한
spy 스파이 활동을 하다
allow 허락하다, 허용하다
soldier 군인, 병사
army 군대의
pattern 모양, 무늬, 패턴
pack (짐을) 싸다, 꾸리다; 짐, 꾸러미
item 물품
and so on 기타 등등, ~등
coin 동전
expect 예상하다, 기대하다
cashier 출납원, 계산원
accept 받아들이다, 받아 주다
refuse 거절하다, 거부하다
customer 고객, 손님
snack 간단한 식사, 간식
step 계단
yard 마당, 뜰
historic site 유적지
fill up ~을 채우다
stomach 배, 위

이탈리아의 로마에서는 / 당신은 벌금을 내야 할 수도 있다 /
10 In Rome, Italy, / you might have to pay a fine / while eating

점심이나 간식을 먹는 중에. 당신은 먹거나 마셔서는 안 된다 / 교회 계단이나
lunch or snacks. 11 You're not allowed to eat or drink / on church

교회의 뜰에서. ~도 마찬가지이다 / 다른 유적지.
steps or within a church yard. 12 The same goes for / other historic sites.

그러니 주의하라 // 당신이 어디에서 배를 채울지 결정하는 것을.
13 So, be careful // where you decide to fill up your stomach.

해석 한눈에 보기

1 당신이 카자흐스탄으로 여행갈 때, 공항이나 군 또는 정부의 건물 앞에서 사진을 찍지 마라. 2 카자흐스탄 정부는 스파이 활동에 매우 민감하기 때문에 그것은 법에 위배된다.

3 바베이도스에서는 당신은 여행 중에 군복을 입어서는 안 된다. 4 정부는 군인들에게만 군의 문양을 입는 것을 허용한다. 5 그러므로 만약 당신이 바베이도스로 여행을 갈 계획이 있다면, 티셔츠, 바지, 모자, 시계, 가방 등과 같이 군의 문양이 있는 물품은 짐을 꾸리지 마라.

6 당신이 캐나다에서 쇼핑을 할 때 동전만 있다면, 계산대의 점원이 그것을 받아 줄 것이라고 기대하지 마라. 7 법에 따라 캐나다의 상점들은 만약 고객이 동전으로만 지불하려고 한다면 동전을 거절할 수 있다. 8 25개 이상의 1센트 동전은 받아들여지지 않을 것이다. 9 당신이 캐나다에서 쇼핑할 때 반드시 약간의 지폐를 가져가라.

10 이탈리아의 로마에서는 당신이 점심이나 간식을 먹는 중에 벌금을 내야 할 수도 있다. 11 교회의 계단이나 교회의 뜰에서 먹거나 마시는 것은 허용되지 않는다. 12 다른 유적지도 마찬가지이다. 13 그러니 당신이 어디에서 배를 채울지 결정하는 것을 주의하라.

필수 구문 확인하기

4 The government only **allows** its soldiers **to wear** army patterns.
(allows: V / its soldiers: O / to wear army patterns: C)

▸ 「allow+목적어+to+동사원형」은 '~가 …하는 것을 허락[허용]하다'의 의미이다.

6 When you are shopping in Canada and only have coins, don't **expect** cashiers **to accept** them.
(don't expect: V / cashiers: O / to accept them: C)

▸ 「expect+목적어+to+동사원형」은 '~가 …하는 것을 기대하다'의 의미이다.

9 **Make sure to bring** some paper money when you shop in Canada.

▸ 「make sure+to+동사원형」은 '반드시 ~하다'의 의미이다.

01 [국어 - 효과적인 전달] 먹는 물병이 있다고요?

본문 p.84~87

교육부 지정 중학 필수 어휘
1 invention 2 within 3 harm 4 resolve 5 minutes 6 shocked

START READING!
1 ② 2 The amount of garbage

KEEP READING!
1 ③ 2 ② 3 ③ 4 minutes 5 invention

KEEP READING! 해설

1 지문에 가장 적절한 제목을 고르는 문제이다. 자연을 보호하기 위해 세 명의 대학생들이 먹을 수 있는 물병을 발명했다는 글이므로 정답은 ③이다.
① 가장 인기 있는 물병의 종류
② 플라스틱 병이 자연에 끼치는 영향
③ 먹을 수 있는 물병의 탄생
④ 우리 몸에 좋은 해초
⑤ 사용한 플라스틱 병을 재활용하는 방법들

2 지문에 세 학생이 자연보호를 위해 무언가를 하기를 원했고, 먹을 수 있는 물병을 발명했다고 했으므로 ②는 글의 내용과 일치하지 않는다.

3 주어진 문장은 '결과는 무엇이었을까?'라는 의미이다. ③의 앞에서 런던에 있는 세 명의 학생들은 자연을 위해 무언가를 하고 싶어서 환경 문제를 해결하기 위해 노력을 기울이기 시작했다는 내용이고, 뒤에서는 그 노력의 결과로 먹을 수 있는 물병의 발명이라는 내용이 나온다. 따라서 주어진 문장이 들어가기 적절한 곳은 ③이다.

4 (1) 12시 10분 전이다. 거의 점심시간이다.
(2) 기다리게 해서 죄송해요. 의사 선생님은 몇 분 안에 돌아오실 거예요.
첫 번째 문장의 (A)와 두 번째 문장의 (B)는 '분'이라는 말이 들어가야 적절하므로 정답은 minutes((시간의 단위) 분)이다.

5 ⓐ는 '새로운 무언가를 만들어 내는 행동'을 의미하고, ⓑ는 '처음으로 만들어진 무언가'를 의미하므로 정답은 invention(발명; 발명품)이다.

끊어서 읽기

당신은 어떻게 물을 마시는가 // 당신이 밖에 있을 때? 당신은 플라스틱 병을
[1] How do you drink water // when you're outside? [2] Do you buy a
사는가 / 물의 / 또는 당신 자신의 물병을 가지고 다니는가? 만약 당신이
plastic bottle / of water / or carry your own water bottle? [3] If you
하나를 산다면 / 그리고 그것에 든 모든 물을 마신다면 // 그러고 나서 당신은
buy one / and (if you) drink all the water in it, // what do you do
= a plastic bottle of water = the bottle
그걸로 무엇을 하는가? 당신은 그것을 버리는가 / 또는 그것을 나중에 사용하려고 간직하는가?
with it then? [4] Do you throw it away / or keep it for later use? [5] You
= the bottle
당신은 아마 이에 놀랄지도 모른다 / 하지만 미국에서는 / 2백만 개 이상의 플라스틱 병이
might be surprised at this, / but in the U.S., / over two million

어휘 확인하기

plastic 플라스틱
throw A away A를 버리다[없애다]
surprised 놀란, 놀라는
million 100만
minute (시간 단위의) 분; 잠깐
shocked 충격을 받은, 어안이 벙벙한
put effort into ~에 공을 들이다, ~에 노력을 들이다[기울이다]

/ 버려진다 / 5분마다.
plastic bottles / are thrown away / every five minutes.

영국 런던에서 세 명의 대학생들이 / 또한 충격을 받았다.
6 Three college students in London, UK, / were also shocked. 7 They

그들은 무언가를 하기를 원했다 / 자연을 위해 // 그래서 그들은 그 문제를 해결하는 데
wanted to do something / for nature, // so they started putting effort

노력을 기울이기 시작했다. 결과는 무엇이었을까? 물병의 발명
into resolving the problem. 8 What was the result? 9 The invention of a

/ 당신이 먹을 수 있는!
water bottle / that you can eat!

그것은 방울처럼 보인다 / 그리고 (그것은) 해초로 이루어져 있다.
10 It looks like a bubble / and is composed of seaweed.

물을 마시기 위해 / 당신은 구멍을 만들 필요가 있다 / 표면에 /
11 To drink water, / you need to make a hole / on the surface / or
to+동사원형 〈~하기 위해〉
또는 그것을 당신의 입 속에서 터뜨릴. 물을 마신 후에 /
(need to) pop it in your mouth. 12 After drinking the water, / you

당신은 병을 먹을 수 있다 / 또는 그냥 그것을 버릴 수 있다. 그것은 해를 끼치지 않을 것이다
can eat the bottle / or (can) just throw it away. 13 It will do no harm

/ 당신의 신체나 자연에 // 그것은 해초로 만들어지기 때문에 /
/ to your body or nature // because it's made from seaweed / and

그리고 (그것은) 몇 주 안에 분해될 것이다.
will break down within weeks.

resolve (문제 등을) 해결하다; (굳게) 다짐하다, 결심하다
result 결과
invention 발명품; 발명
bubble 방울[공] 모양의 것
be composed of ~으로 구성되어[이루어져] 있다
seaweed 해초
hole 구멍, 틈
surface 표면, 외면
pop 터뜨리다
harm 해, 피해, 손해; 해치다, 해를 끼치다
do harm 해를 끼치다
break down 분해되다
within (장소 · 시간 · 거리 등) ~ 이내에, ~의 범위 내에서

[선택지 어휘]
effect 영향

해석 한눈에 보기

1 당신은 밖에 있을 때 어떻게 물을 마시는가? 2 플라스틱 물병을 사거나 자신의 물병을 들고 다니는가? 3 만약 하나를 사서 그것에 든 물을 다 마신다면 그 다음에 당신은 그것으로 무엇을 하는가? 4 당신은 그것을 버리거나 나중에 사용하려고 간직하는가? 5 당신이 이 사실에 놀랄지도 모르지만 미국에선 2백만 개 이상의 플라스틱 병이 5분마다 버려진다.
6 영국 런던에서 세 명의 대학생들 또한 충격을 받았다. 7 그들은 자연을 위해 무언가를 하고 싶어 했고, 그래서 그들은 그 문제를 해결하려고 애쓰기 시작했다. 8 결과는 무엇이었을까? 9 먹을 수 있는 물병의 발명이었다!
10 그것은 물방울처럼 보이고 해초로 이루어져 있다. 11 물을 마시기 위해 당신은 표면에 구멍을 만들거나 입 속에서 그것을 터뜨릴 필요가 있다. 12 물을 마신 후에 당신은 그 병을 먹거나 그냥 버릴 수 있다. 13 그것은 해초로 만들어져서 몇 주 안에 분해될 것이기 때문에 당신의 신체나 자연에 해를 끼치지 않을 것이다.

필수 구문 확인하기

5 You **might** be surprised at ***this***, but in the U.S., over two million plastic bottles are thrown away every five minutes.

▸ might는 '~일지도 모른다'는 뜻으로 불확실한 추측을 나타내는 조동사이다.

▸ this는 뒤따르는 절 in the U.S. 이하를 받는 대명사이다.

9 The invention of *a water bottle* [**that** you can eat]!

▸ that 이하는 a water bottle을 수식하는 목적격 관계대명사절로, 목적격 관계대명사 that은 생략이 가능하다.

12 **After drinking the water**, you can eat the bottle or just throw it away.

▸ After drinking the water는 접속사의 뜻을 강조하기 위해 접속사를 생략하지 않은 분사구문으로, After you drink the water로 바꿔 쓸 수 있다.

02 [사회 | 환경 문제와 지속 가능한 환경] 100마일 다이어트 운동

본문 p.88~91

교육부 지정 중학 필수 어휘

1 obtained **2** plates **3** economy **4** benefit **5** direct **6** transport

START READING!

1 경기, 경제 **2** (1) T (2) F (3) T

KEEP READING!

1 ③ **2** ③ **3** ③ **4** benefits **5** ①

KEEP READING! 해설

1 지문에 가장 적절한 제목을 고르는 문제이다. 캐나다 밴쿠버의 한 부부가 시작한 100마일 다이어트의 장점에 대한 내용이므로 정답은 ③이다.

① 100일 만에 성공적으로 다이어트를 하는 방법
② 혼자 100마일 여행하기
③ 100마일 다이어트의 좋은 점
④ 100마일 마라톤에 참가하는 것의 이점
⑤ 100가지 각양각색의 건강 식단

2 현지 식품이 가공식품에 비해 더 쉽게 살 수 있다는 내용은 언급되지 않았으므로 정답은 ③이다.

3 수확한 지 24시간 이내로 슈퍼마켓에 도착하는 것은 현지 식품을 의미하므로 ⓒ는 현지 식품(local food)을 가리키며 나머지는 100마일 다이어트를 가리키므로 정답은 ③이다.

4 (1) 건강에 좋은 음식을 먹는 것은 여러모로 너에게 (A) 유익하다.
(2) 당신이 정말 좋아하는 것을 하는 데에는 많은 (B) 이득이 있다.
첫 번째 문장의 (A)는 '유익하다'라는 말이 들어가고, 두 번째 문장의 (B)는 '이득'이라는 말이 들어가야 적절하므로, 정답은 benefit(혜택, 이득; 유익하다, 유용하다)이다.

5 첫 번째 빈칸 ① 앞에서는 새집이 역에서 가깝다는 내용이며 뒤에는 또 다른 새로운 사실을 언급하고 있으므로 '첨가'의 의미를 나타내는 In addition은 ①에 들어가야 적절하다.
우리 새집은 역에서 매우 가깝다. 게다가, 그것은 4개의 큰 방이 있다. 나는 내 여동생과 방을 같이 사용하지 않아도 된다. 난 정말 기쁘다.

끊어서 읽기

[1] There are lots of benefits (많은 혜택이 있다) / of the 100-mile diet. (100마일 다이어트[식단]의.) [2] First of all, (무엇보다도) / it is good for the environment. (그것은 환경에 좋다.) [3] Local food doesn't have to travel far (현지 식품은 멀리 이동할 필요가 없다) / to arrive on your plate, (당신의 접시에 도착하기 위해) // so it helps reduce greenhouse gases. (그래서 그것은 온실가스를 줄이는 것을 돕는다.)
to arrive: to+동사원형 (~하기 위해)

[4] In addition, the food will be fresher (게다가 그 식품은 더 신선할 것이다) / and much better for health. (그리고 건강에 훨씬 더 좋을 것이다.)

[5] Food that comes from a long distance (먼 거리에서 오는 식품은) / needs to spend time (시간을 보낼 필요가 있다) / in a store or transport truck (창고나 수송 트럭 안에서) / before arriving at the supermarket. (슈퍼마켓에 도착하기 전에.)

어휘 확인하기

benefit 혜택, 이득; 유익하다, 유용하다
diet 식단
first of all 우선, 다른 무엇보다 먼저
environment 환경
local 지역의, 현지의
plate 그릇, 접시
reduce 줄이다, 감소시키다
greenhouse gas 온실가스
in addition (~에) 덧붙여, 게다가
distance 거리

보통 비타민 C의 50퍼센트에서 89퍼센트가 / 채소로부터 손실된다 /
[6] Normally, 50% to 89% of vitamin C / is lost from vegetables /

수확 후 24시간에서 48시간 사이에. 반면에 /
between 24 and 48 hours after harvest. [7] On the other hand, / local

현지 식품은 대개 수확된다 / 24시간 이내에 // 그것이 슈퍼마켓에 도착하기 전에.
food is usually picked / less than 24 hours // before it comes to

체중 감소는 또 다른 혜택이다 / 100마일 다이어트의.
the supermarket. [8] Weight loss is another benefit / of the 100-mile

쉬울지도 모른다 / 가공 식품을 사는 것은 / 슈퍼마켓에서.
diet. [9] It might be easy / to buy processed foods / at the
to+동사원형 (~하는 것은)

그러나 그것들은 쉽게 당신을 살찌울 수 있다 // 왜냐하면 그것들은
supermarket. [10] But they can easily make you fat // because they

대개 갖고 있다 / 너무 많은 지방과 소금, 그리고 다른 식품 첨가물을. 그것은
often have / too much fat, salt, and other food additives. [11] It is

도움이 된다 / 지역 사회에 / 역시. 그것은 지역 농민을
helpful / for the local community / as well. [12] It supports local

지원한다 / 그리고 다른 생산자들을. 그들은 완전한 가치를 얻을 수 있다 /
farmers / and other producers. [13] They can obtain full value / for

그들의 생산물에 대한 / 현지 고객에게 직접적인 판매를 통해서.
their products / through direct sales to local customers. [14] This, in

이것은 결국 발달시킨다 / 지역 경제를.
turn, develops / the local economy.

store 창고
transport 수송, 운송; 수송하다, 이동시키다
normally 보통, 대개
harvest 수확
weight 무게, 체중
loss 감소
community 공동체, 지역사회
support 원조하다, 지원하다
producer 생산자
obtain 얻다, 손에 넣다, 획득하다
value 가치
product 생산물, 상품
direct 직접적인; 지도하다, 관리하다
in turn 결국
develop 발달시키다
economy 경기, 경제

[선택지 어휘]
marathon 마라톤

해석 한눈에 보기

[1] 100마일 다이어트의 많은 혜택이 있다. [2] 무엇보다도 그것은 환경에 좋다. [3] 현지 식품은 당신의 접시에 도착하기 위해 먼 거리를 이동할 필요가 없어서 온실가스를 줄이는 것을 돕는다. [4] 게다가 그 식품은 더 신선하고 건강에 훨씬 더 좋을 것이다. [5] 먼 거리에서 오는 식품은 슈퍼마켓에 도착하기 전에 창고나 수송 트럭에서 시간을 보낼 필요가 있다. [6] 보통 비타민 C의 50퍼센트에서 89퍼센트가 수확 후 24시간에서 48시간 사이에 채소로부터 손실된다. [7] 반면에 현지 식품은 대개 슈퍼마켓에 오기 전 24시간 이내에 수확된다. [8] 체중 감소는 100마일 다이어트의 또 다른 혜택이다. [9] 슈퍼마켓에서 가공 식품을 사는 것은 쉬울지도 모른다. [10] 그러나 그것들은 대개 너무 많은 지방, 소금 그리고 다른 식품 첨가물을 갖고 있기 때문에 쉽게 당신을 살찌울 수 있다. [11] 그것은 지역 사회에도 도움이 된다. [12] 그것은 현지 농민과 다른 생산자들을 지원한다. [13] 그들은 현지 고객에게 직접적인 판매를 통해서 자신의 생산물에 대한 완전한 가치를 얻을 수 있다. [14] 이것은 결국 지역 경제를 발전시킨다.

필수 구문 확인하기

[3] Local food doesn't have to travel far **to arrive** on your plate, so it **helps reduce** greenhouse gases.

▸ to arrive는 '도착하기 위해'라는 뜻으로 '목적'을 나타내는 부사적 용법으로 쓰인 to부정사이다.

▸ help는 to부정사나 동사원형 둘 다를 목적어로 취한다.

[5] *Food* [**that** comes from a long distance] needs to spend time ~.
S V O

▸ that은 주격 관계대명사로, that ~ distance는 앞의 Food를 꾸며준다.

[9] **It** might be easy **to buy** processed foods at the supermarket.
가주어 진주어

▸ It은 가주어, to buy 이하가 진주어이다.

03 [역사 | 중세 유럽의 변화] 베르사유 궁전

본문 p.92~95

교육부 지정 중학 필수 어휘

1 impressive 2 officials 3 materials 4 symbol 5 stairs 6 except

START READING!

1 상징(물) 2 people call him

KEEP READING!

1② 2④ 3⑤ 4④ 5②

KEEP READING! 해설

1 지문에 가장 적절한 주제를 고르는 문제이다. 프랑스 왕들이 여름마다 사냥하러 자주 갔던 베르사유에 루이 14세가 지은 궁전에 대한 내용이다. 베르사유 궁전은 프랑스산 재료들을 사용해서 지은 프랑스의 상징이라고 소개하고 있으므로 정답은 ②이다.

① 왕궁에 있는 비밀의 방
② 프랑스의 상징, 베르사유 궁전
③ 루이 14세가 가장 좋아하는 취미
④ 프랑스의 유명한 관광지, 루이 14세의 정원
⑤ 베르사유 궁전의 무도회장

2 베르사유 궁전의 정원 안에는 대략 1,400개의 분수가 있으며, 거울의 방 안에는 거울, 유리로 된 문과 조각품들이 있다는 언급은 있지만, 연못에 대한 언급은 없으므로 정답은 ④이다.

3 궁전에는 왕족, 하인, 그리고 정부 관리를 위한 1,400개 이상의 방이 있었다(There were more than ~ and government officials.)는 내용이 있으므로 글의 내용과 일치하지 않는 것은 ⑤이다.

4 빈칸이 포함된 문장 앞에는 궁전에 화장실이 없었기 때문에 사람들은 볼일을 보기 위해 정원에 가야 했고, 이것이 프랑스가 향수로 유명한 이유라고 했다. 빈칸이 포함된 문장에서는 사람들은 향수로 무언가를 없애야 한다는 내용이 나와야 하기 때문에 정답은 ④이다.

① 야생 동물 ② 쓰레기 ③ 꽃 ④ 냄새 ⑤ 벌레들

5 루이 14세가 대규모의 왕궁을 지은 이유에 대해서는 나와 있지 않으므로 정답은 ②이다.

① 왜 왕들이 베르사유 시에 갔는가?
② 왜 루이 14세가 그렇게 큰 왕궁을 지었는가?
③ 왕궁에는 몇 개의 창문이 있었는가?
④ 왕궁에는 몇 개의 방이 있었는가?
⑤ 왕궁에 없었던 것은 무엇인가?

끊어서 읽기

베르사유 시는 / 작은 마을이었다. 왕들은 거기에 갔다 /
[1] The city of Versailles / was a small town. [2] Kings went there /

여름에 사냥을 하기 위해 // 왜냐하면 많은 야생 동물이 있었기 때문에.
to hunt in the summer // because there were many wild animals.
(to hunt: to+동사원형 〈~하기 위해〉)

그때 루이 14세는 결심했다 / 궁전을 지을 것을. 이 왕궁은
[3] Then, Louis XIV decided / to build a palace. [4] This royal palace
(to build: to+동사원형 〈~하는 것을〉)

안에 2,143개의 창문과 67개의 계단을 가졌다 / 그리고 약 1,400개의 분수를
had 2,143 windows and 67 sets of stairs inside / and about 1,400

/ 정원에. 그 궁전은 프랑스의 상징이었다 //
fountains / in its gardens. [5] The palace was the symbol of France, //

어휘 확인하기

wild 야생의
royal 왕실의, 왕의
a set of ~ 한 벌[세트]
stair 《복수형》 계단, 층계
fountain 분수
symbol 상징(물); (과학, 수학, 음악 등에 쓰이는) 기호
material 직물, 천; 재료
sculpture 조각품
be covered with ~으로 덮여 있다

그래서 그것을 짓는 데 사용된 모든 재료는 / 프랑스에서 왔다 / 역시.
so all the materials used to build it / came from France, / too.

가장 유명한 방 중 하나는 / 세계에서 / 그 궁전의 거울의 방이다.
6 One of the most famous rooms / in the world / is the Hall of

그 방은 357개의 거울, 17개의 유리문을 갖고 있다 /
Mirrors in the palace. 7 The room has 357 mirrors, 17 glass doors, /

그리고 많은 조각품들을 / 금과 은으로 뒤덮인.
and many sculptures / that are covered with gold and silver. 8 The

그 크기와 비싼 재료들은 / 그 방에서 사용된 / 매우 강한 인상을 준다.
size and the expensive materials / used in the room / are very impressive.

1,400개 이상의 방이 있었다 / 왕족, 하인, 그리고 정부 관리들을 위한.
9 There were more than 1,400 rooms / for royal people, servants,

~인 것 같다 // 궁전 안에는 모든 것이 있었다
and government officials. 10 It seems like // everything was in the

/ 하나 제외하고. 그것은 무엇일까? 화장실이 없었다
palace / except one. 11 What's that? 12 They did not have bathrooms

/ 궁전 안에. 여러 해 전에 / 궁전에 사는 사람들은 /
/ in the palace. 13 Years ago, / people living in the palace / had to

정원으로 가야 했다 / 볼일을 보기 위해. 이것은 또한 //
go to the gardens / <u>to relieve</u> themselves. 14 This is also // why

to+동사원형 (~하기 위해)

프랑스가 향수로 유명한 이유이다. 그들은 냄새를 없애야 했다.
France is famous for perfume. 15 They had to get rid of the smell.

impressive 강한 인상을 주는, 감명을 주는
servant 하인
government 정부, 정권
official 공무상의, 공적인; 공무원, 관리
except (누구 · 무엇을) 제외하고는[외에는]
relieve oneself 대소변을 보다
perfume 향수
ger rid of ~을 처리하다, ~을 없애다

[선택지 어휘]
tourist site 관광지

해석 한눈에 보기

1 베르사유 시는 작은 마을이었다. 2 많은 야생 동물이 있었기 때문에 왕들은 여름에 사냥을 하러 거기에 갔다. 3 그때 루이 14세는 궁전을 짓기로 결심했다. 4 이 왕궁은 안에 2,143개의 창문과 67개의 계단이 있고, 정원에 약 1,400개의 분수가 있다. 5 궁전은 프랑스의 상징이었고 그래서 그것을 짓는 데 사용된 모든 재료 또한 프랑스에서 왔다.
6 세계에서 가장 유명한 방 중 하나는 그 궁전의 거울의 방이다. 7 그 방에는 357개의 거울, 17개의 유리문과 금과 은으로 뒤덮인 많은 조각품들이 있다.
8 그 크기와 방에 사용된 비싼 재료들은 매우 강한 인상을 준다.
9 왕족, 하인들, 정부 관리들을 위한 1,400개 이상의 방이 있었다. 10 궁전에는 하나를 제외하고 모든 것이 있었던 것 같다. 11 그것이 무엇일까? 12 궁전에는 화장실이 없었다. 13 여러 해 전에, 그 궁전에 사는 사람들은 볼일을 보기 위해 정원으로 가야 했다. 14 이것은 또한 프랑스가 향수로 유명한 이유이다. 15 그들은 냄새를 없애야 했다.

필수 구문 확인하기

5 The palace was the symbol of France, so *all the materials* [**used to build it**] came from France, too.

▸ used to build it은 앞에 있는 all the materials를 꾸며준다.

13 Years ago, *people* [**living in the palace**] had to go to the gardens **to relieve** themselves.

▸ living in the palace는 앞에 있는 명사인 people을 꾸며준다.

▸ to relieve는 '~하기 위해'라는 의미의 '목적'을 나타내는 부사적 용법의 to부정사이다.

14 **This is** also **why** France is famous for perfume.

▸ 「This is why+주어+동사」는 '이것이 ~인 이유이다'라는 뜻이다.

04 [과학 | 소화·순환·호흡·배설] 설탕 중독

본문 p.96~99

교육부 지정 중학 필수 어휘

1 sweets **2** huge **3** source **4** drop **5** label **6** amazed

START READING!

1 (대단히) 놀란 **2** ever felt better after

KEEP READING!

1 ② **2** (1) F (2) T (3) T **3** ③ **4** drops **5** huge

KEEP READING! 해설

1 지문에 가장 적절한 주제를 고르는 문제이다. 우리가 먹는 설탕의 양을 줄이는 방법에 대해 이야기하고 있으므로 정답은 ②이다.
① 짧은 시간에 체중을 감량하는 방법
② 우리가 먹는 설탕의 양을 줄이는 방법들
③ 건강한 식단을 짜는 방법
④ 우리가 규칙적으로 먹어야 하는 이유들
⑤ 패스트푸드를 피해야 하는 이유

2 매주 조금씩 설탕 섭취를 줄이라(Cut out a little bit of sugar each week.)고 했으므로 (1)은 F이다.

3 설탕 섭취를 줄이는 방법으로 비타민 제품을 먹으라는 내용은 언급되지 않았으므로 정답은 ③이다.

4 (1) 만약 그가 휴대전화를 땅에 다시 (A) 떨어뜨린다면 고치는 것이 불가능할 것이다.
(2) 물 몇 (B) 방울이 인쇄한 보고서를 읽기 어렵게 만들었다.
첫 번째 문장의 (A)는 '떨어뜨리다'라는 말이 들어가고, 두 번째 문장의 (B)는 '방울'이라는 말이 들어가야 적절하므로 정답은 drop(떨어지다, 떨어뜨리다, 쓰러지다; 방울)이다.

5 '크기, 양 또는 정도가 매우 큰'이라는 뜻풀이이므로 정답은 huge((크기 · 양 · 정도가) 엄청난, 거대한)이다.

끊어서 읽기

[1] If you make small, simple changes, // it's easier to reduce / the amount of sugar // (that) you eat. [2] Start by eating / more fruits and vegetables. [3] Drink more water. [4] Check food labels, // and pick those / that don't have a lot of sugar. [5] Cut out a little bit of sugar / each week. [6] After a few weeks, / you'll be amazed at // how little you miss it. [7] Many drops make a shower. [8] Eating protein / is another way / to cut down on sugar. [9] High-protein foods / digest more slowly / and keep you feeling full / for longer. [10] Protein doesn't

당신이 작고 단순한 변화를 만든다면 // 줄이는 것은 더 쉽다 / 설탕의 양을 // 당신이 먹는. 먹음으로써 시작하라 / 더 많은 과일과 채소를. 더 많은 물을 마셔라. 식품 라벨을 확인하라 // 그리고 그것들을 골라라 / 많은 설탕이 들어 있지 않은. 약간의 설탕을 줄여라 / 매주. 몇 주 후에 / 당신은 놀랄 것이다 // 당신이 얼마나 조금 그것을 그리워하는지. 많은 물방울들이 소나기를 만든다. 단백질을 먹는 것은 / 또 다른 방법이다 / 설탕을 줄이는. 고단백 식품은 / 더 천천히 소화된다 / 그리고 당신을 배부르게 유지한다 / 더 오랫동안. 단백질은 하지 않는다

(to reduce: to+동사원형 〈~하는 것은〉; to cut: to+동사원형 〈~하는〉)

어휘 확인하기

reduce 줄이다, 축소하다
amount 양, 액수
label 《종이 등에 물건에 대한 정보를 적어 붙여 놓은》 표[라벨, 상표]; 표[라벨, 상표]를 붙이다
amazed (대단히) 놀란
drop 떨어지다, 떨어뜨리다; 쓰러지다; 방울
shower 소나기
cut down on ~을 줄이다
digest 소화하다, 소화시키다
increase 증가하다, 인상되다
raise (양, 수준 등을) 올리다, 높이다
huge (크기 · 양 · 정도가) 엄청난, 거대한
hunger 배고픔

/ 당신의 혈당이 올라가게 // 설탕이 하는 만큼.
make / your blood sugar increase // as much as sugars do. [11] Because

그것들은 높이지 않기 때문에 / 당신의 혈당을 // 엄청난 공복감이 없다
they don't raise / your blood sugar, // there's no huge feeling of

/ 나중에. 단백질을 선택하라 / 달걀, 저지방 요거트, 콩, 또는 견과류 같은.
hunger / later. [12] Pick proteins / like eggs, low-fat yogurt, beans, or

만약 당신이 이런 모든 것을 노력했다면 / 그러나 여전히 약간의 단것을 원한다면 // 그것은 괜찮다.
nuts. [13] If you tried all these / but still want some sweets, // it's okay.

당신은 ~할 필요가 없다 / 달콤함을 포기할. 단지 그것을 얻어라 / 다른 공급원으로부터
[14] You don't have to / give up sweetness. [15] Just get it / from other

신선한 과일이나 말린 과일을 먹어봐라. 저지방 우유 한 잔이나
sources. [16] Try fresh fruits or dried fruits. [17] A glass of low-fat milk or

당분이 적은 요거트는 / 또한 도움이 될 수 있다.
low-sugar yogurt / can also help.

low-fat 저지방의
bean 콩
nut 견과
sweet 달콤한, 단; 달콤한 향기가 나는; 단것, 사탕 및 초콜릿류
source 원천, 근원; 출처, 공급원
low-sugar 당분이 적은

[선택지 어휘]
regularly 규칙적으로
degree 정도

해석 한눈에 보기

[1] 당신이 작고 단순한 변화를 만든다면, 당신이 먹는 설탕의 양을 줄이는 것은 더 쉽다. [2] 더 많은 과일과 채소를 먹는 것으로 시작하라. [3] 물을 더 많이 마셔라. [4] 식품 라벨을 확인하고, 설탕이 많이 들어 있지 않은 것들을 선택하라. [5] 매주 약간의 설탕을 줄여라. [6] 몇 주 후에, 당신이 얼마나 그것을 조금 그리워하는지에 놀랄 것이다. [7] 많은 물방울들이 소나기를 만든다.(티끌모아 태산이다.) [8] 단백질을 먹는 것은 설탕을 줄이는 또 다른 방법이다. [9] 고단백 식품은 더 천천히 소화되고 당신을 더 오랫동안 배부르게 한다. [10] 단백질은 설탕이 하는 것만큼 혈당을 올라가게 하지 않는다. [11] 그것들은 혈당을 높이지 않기 때문에 나중에 엄청난 공복감이 없다. [12] 달걀, 저지방 요거트, 콩, 또는 견과류와 같은 단백질을 선택하라. [13] 만약 당신이 이런 모든 것을 노력했지만 여전히 약간의 단것을 원한다면, 그것은 괜찮다. [14] 당신은 달콤함을 포기할 필요가 없다. [15] 단지 그것을 다른 공급원으로부터 얻어라. [16] 신선한 과일이나 말린 과일을 먹어봐라. [17] 저지방 우유 한 잔이나 당분이 적은 요거트는 또한 도움이 될 수 있다.

필수 구문 확인하기

1 If you make small, simple changes, **it**'s easier **to reduce** *the amount of sugar* [you eat].
(it: 가주어, to reduce the amount of sugar [you eat]: 진주어)

▸ it은 가주어이고, to reduce 이하가 진주어이다. you eat은 선행사 the amount of sugar를 수식하는 목적격 관계대명사절로, 앞에 목적격 관계대명사 that 또는 which가 생략되었다.

6 After a few weeks, you'll be amazed at how little you miss it.

▸ how little you miss it은 전치사 at의 목적어로 쓰인 간접의문문이다.

8 Eating protein is *another way* [**to cut down on** sugar].
(Eating protein: S, is: V)

▸ 동명사구(Eating protein)가 주어이며, 이때 동명사구는 단수 취급하므로 동사 is가 쓰였다.

▸ to cut down on sugar는 앞의 another way를 수식하는 형용사적 용법의 to부정사구이다.

9 High-protein foods digest more slowly and **keep you feeling** full for longer.

▸ 「keep+목적어+현재분사(구)」는 '~을 …하게 유지하다'의 의미이다.

10 Protein **doesn't make** your blood sugar **increase as much as** sugars do.
(doesn't make: V, your blood sugar: O, increase: C, sugars: S', do: V')

▸ 「make+목적어+동사원형」은 '~가 …하게 하다'의 의미이다. 「as much as+주어+동사」는 '~가 …할 만큼'이라는 뜻이다.

Chapter 06

01 [역사 | 문명의 형성과 고조선의 성립] 스톤헨지

본문 p.102~105

교육부 지정 중학 필수 어휘

1 weighs **2** period **3** traditionally **4** reason **5** site **6** wide

START READING!

1 ① **2** left as a mystery

KEEP READING!

1 ② **2** ⑤ **3** 종교적인 의식을 위해서, 우주를 지켜보기 위해서 **4** wide **5** weigh

KEEP READING! 해설

1 지문에 가장 적절한 주제를 고르는 문제이다. 영국에 있는 유명한 유적지인 스톤헨지에 원형으로 서있는 거대한 돌들을 소개하는 글이므로 정답은 ②이다.

① 전 세계에 있는 유명한 관광지들
② 영국에 있는 특별한 돌들
③ 영국에 있는 유명한 궁전
④ 세계에서 가장 오래된 돌들
⑤ 영국의 여름 기념행사

2 과거에 여름은 항상 음식을 찾기에 좋은 시기였다는 내용이 나오고, 요즘 영국 전역에서 온 사람들이 이 계절을 기념하기 위해 스톤헨지를 방문한다(Nowadays, people from ~ celebrate the season.)고 했으므로 정답은 ⑤이다.

3 전문가들은 스톤헨지가 종교적인 의식을 위해서 또는 우주를 지켜보기 위해서 세워졌다고 믿는다(They believe Stonehenge ~ to watch space.)고 했으므로 정답은 '종교적인 의식을 위해서'와 '우주를 지켜보기 위해서'이다.

4 (1) 내 발은 (A) 폭이 넓다. 그래서 나는 한 사이즈 큰 신발을 신어야 한다.
(2) 그 TV 화면은 (B) 폭이 약 30인치이다. 그것은 영화를 보기에 완벽한 크기이다.
첫 번째 문장의 (A)는 '폭이 넓은'이라는 말이 들어가고, 두 번째 문장의 (B)는 '폭이 ~인'이라는 말이 들어가야 적절하므로, 정답은 wide(폭이 넓은; 폭이 ~인)이다.

5 ⓐ는 '특정한 무게를 갖는 것'이라는 뜻이고, ⓑ는 '누군가나 무언가가 얼마나 무거운지 측정하는 것'을 의미하므로 weigh(무게가 ~이다; 무게[체중]를 달다)가 정답이다.

끊어서 읽기

스톤헨지 유적지는 포함한다 / 거석[서 있는 돌]의 거대한 원형을.
[1] The Stonehenge site includes / a large ring of standing stones.

각각의 돌은 약 4미터 높이이다 / 그리고 폭이 2미터이다.
[2] Each stone is about 4 meters high / and 2 meters wide. [3] They

그것들은 각각 약 25톤의 무게가 나간다. 그 돌들은 거기에 서 있었다 /
weigh about 25 tons each. [4] The stones have been standing there /

수천 년 동안. 그 돌들은 어디에서 왔을까?
for thousands of years. [5] Where did the stones come from? [6] Who

누가 그것들을 거기에 두었을까? 그것들이 그곳에 있는 이유는 무엇일까?
put them there? [7] What's the reason for them to be there?

어휘 확인하기

site 위치, 장소
include 포함하다
ring 원, 원형
wide 폭이 넓은; 폭이 ~인; (면적이) 넓은, 광대한
weigh 무게가 ~이다; 무게[체중]를 달다
reason 이유, 까닭; 근거
for sure 확실히, 틀림없이
expert 전문가
ceremony 식, 의식

우리는 대답을 알지 못한다 / 확실히 // 그러나 전문가들은 두 가지 의견이 있다.
[8] We don't know the answers / for sure, // but experts have two

그들은 믿는다 // 스톤헨지는 세워졌다고 / 종교적인
ideas. [9] They believe // (that) Stonehenge was built / for a religious

의식을 위해 / 또는 우주를 지켜보기 위해.
ceremony / or to watch space.
to+동사원형 (~하기 위해)

많은 방문객들이 스톤헨지로 온다 / 여름의 첫째 날에.
[10] Many visitors come to Stonehenge / on the first day of summer.

그것은 6월 20일에서 22일 사이이다 / 그리고 가장 긴 낮을 갖는다.
[11] It is between June 20 to June 22 / and has the longest period of

전통적으로 / 그것은 태양, 빛, 음식, 그리고 더운 날씨의 때이다.
daytime. [12] Traditionally, / it is a time of sun, light, food, and hot

과거에 / 여름은 항상 좋은 시기였다 / 음식을 찾을.
weather. [13] In the past, / summer was always a good time / to find
to+동사원형 (~할)

요즘에는 영국 전역에서 온 사람들이 / 스톤헨지를 방문한다 /
food. [14] Nowadays, people from all over England / visit Stonehenge /

이 계절을 기념하기 위해. 그들은 보통 밤을 꼴딱 새운다 /
to celebrate the season. [15] They usually stay up all night / and watch
to+동사원형 (~하기 위해)
그리고 해가 나오는 것을 지켜본다.
the sun come up.

space 우주
period 기간, 시기; (역사상 어떤 특색을 가진) 시대
daytime 낮
traditionally 전통적으로
celebrate 축하하다, 기념하다
usually 보통, 대개
stay up all night 밤을 꼴딱 새우다, 철야하다

[선택지 어휘]
tourist site 관광지
celebration 기념[축하] 행사
particular 특정한

해석 한눈에 보기

1 스톤헨지 유적지는 거석[서 있는 돌]의 거대한 원형을 포함한다. 2 각각의 돌은 4미터 높이에 너비가 2미터이다. 3 그것들은 각각 대략 25톤의 무게가 나간다. 4 그 돌들은 거기에 수천 년 동안 서 있었다. 5 그 돌들은 어디에서 왔을까? 6 누가 그것들을 거기에 두었을까? 7 그것들이 거기에 있는 이유는 무엇일까? 8 우리는 대답을 확실히 알지 못하지만 전문가들은 두 가지 의견이 있다. 9 그들은 스톤헨지가 종교 의식을 위해서 또는 우주를 지켜보기 위해 세워졌다고 믿는다.

10 많은 방문객들이 여름의 첫째 날에 스톤헨지로 온다. 11 그것은 6월 20일에서 22일 사이이고, 낮이 가장 긴 날이다. 12 전통적으로 그것은 태양, 빛, 음식, 그리고 더운 날씨의 때이다. 13 과거에 여름은 항상 음식을 찾을 좋은 시기였다. 14 요즘에는 영국 전역에서 온 사람들이 이 계절을 기념하기 위해 스톤헨지를 방문한다. 15 그들은 보통 밤을 꼴딱 새우고 해가 나오는 것을 지켜본다.

필수 구문 확인하기

4 The stones **have been standing** there for thousands of years.

▸ have been standing은 현재완료 진행형으로 '~해 오고 있다'의 의미이다.

15 They usually stay up all night and **watch** (V) the sun (O) **come** up (C).

▸ 「watch+목적어+동사원형」은 '~가 …하는 것을 지켜보다'의 의미이다.

02 [국어 | 내 마음을 아는지 모르는지] 대화를 잘하는 방법

본문 p.106~109

교육부 지정 중학 필수 어휘

1 concentrated **2** role **3** attention **4** nodded **5** interrupt **6** effective

START READING!

1 ③ **2** you should listen to the other person

KEEP READING!

1 ③ **2** ④ **3** nod **4** ①, ④ **5** effective

KEEP READING! 해설

1 지문에 가장 적절한 주제를 고르는 문제이다. 의사소통을 할 때 상대방의 말을 잘 들어주는 방법에 관한 글이므로 정답은 ③이다.
① 이야기를 나누기 재미있는 사람이 되는 방법들
② 좋은 친구가 되는 방법들
③ 이야기를 잘 들어주는 사람이 되는 방법들
④ 인기 있는 학생이 되는 방법들
⑤ 면접을 잘 보는 방법들

2 질문이 있거나 무언가를 말하고 싶을 때는 인내심을 가지라(If you want ~ be patient.)고 했으므로 정답은 ④이다.

3 (1) 그녀는 바쁘지만, 나를 보면 (A) (고개를) 끄덕일 것이다.
(2) 그는 자기 아들에게 밖에서 놀아도 된다는 신호로 (B) (고개를) 끄덕임을 보였다.
첫 번째 문장의 (A)는 '(고개를) 끄덕이다'라는 말이 들어가고, 두 번째 문장의 (B)는 '(고개를) 끄덕임'이라는 말이 들어가야 적절하므로 정답은 nod((고개를) 끄덕이다, 까딱하다; (고개를) 끄덕임)이다.

4 대화를 나눌 때 주의해야 할 몸짓 언어로 상대편 쪽으로 몸을 기울인다는 내용과 자신의 머리를 만지지 않는다는 내용은 언급되지 않았으므로 정답은 ①, ④이다.

5 '어떤 일을 일어나게 만들거나 바꿀 수 있는'이라는 뜻풀이이므로 정답은 effective(효과적인)이다.

끊어서 읽기

듣기의 가장 중요한 부분은 / 주의를 기울이는 것이다.
[1] The most important part of listening / is to pay attention. [2] Make
to+동사원형 〈~하는 것〉
눈 맞춤을 해라 / 다른 사람과 / 그리고 고개를 끄덕여라. 눈 맞춤은 보여 준다
eye contact / with the other person / and nod. [3] Eye contact shows
// 당신이 집중하고 이해하고 있다는 것을. 고개를 끄덕이는 것은 신호이다
// that you are concentrating and understanding. [4] Nodding is a sign
(~인 것을)
// 당신이 이야기를 이해한다는. 짧은 것을 말하는 것은 /
// that you understand the story. [5] Saying little things / such as
'그래' 또는 '와' 같은 / 보여 주는 또 다른 효과적인 방법이다 // 당신이
"Yeah" or "Wow" / is another effective way to show //^ you are
to+동사원형 〈~할〉 that
주목하고 있다는 것을. 그러나 당신은 그것을 주의 깊게 말해야 한다. 당신은 ~처럼
paying attention. [6] But you have to say them carefully. [7] You don't
보이기를 원하지 않는다 // 당신이 방해하고 있는 것. 당신이 질문을 하고 싶다면
want to seem like // you are interrupting. [8] If you want to ask
to+동사원형 〈~하는 것을〉
/ 또는 무언가를 말하고 (싶다면) // 인내심을 가져라. 기억해라 //
questions / or say something, // be patient. [9] Remember, // your
당신의 역할은 듣는 것이다 / 다른 사람의 말을 주의 깊게.
role is to listen / to the other person carefully.
to+동사원형 〈~하는 것〉
당신이 되고 싶다면 / 훌륭하고 적극적인 청자가 //
[10] If you want to become / a good and active listener, // you also
당신은 또한 몇 가지도 피해야 한다. 당신이 말할 차례가 되었을 때 //
have to avoid a few things, too. [11] When it's your turn to speak, //
'나는' 또는 '나를'을 사용하지 마라 / 너무 자주. 당신은 자신을 두어야 한다 /
do not use "I" or "me" / too often. [12] You have to put yourself / in
화자의 입장에. 이것은 의미한다 // 당신이 상황을 보아야 한다는 것을
the speaker's shoes. [13] This means //^ you have to look at the
that

어휘 확인하기

pay attention 주목하다, 주의를 기울이다
attention 주의, 집중, 주목; 관심, 흥미
eye contact 눈 맞춤
nod (고개를) 끄덕이다, 까딱하다; (고개를) 끄덕임
concentrate 집중하다, 전념하다; 농축액
sign 신호, 징조
effective 효과적인
interrupt 방해하다, 가로막다
patient 참을성 있는, 인내심 있는
role 역할
active 적극적인
avoid 피하다
turn 순서, 차례
put oneself in[into] a person's shoes 남의 입장이 되어 생각하다
situation 상황
body language 몸짓 언어, 보디랭귀지
pick at A A를 만지다
cross one's arms 팔짱을 끼다

/ 그가 하는 것과 같은 방식으로. 당신은 또한 지켜볼 필요가 있다 /
situation / in the same way he does. 14 You also need to watch /

당신의 몸짓 언어를. 다리를 떠는 것 / 손톱을 만지작거리는 것 /
your body language. 15 Shaking your leg, / picking at your nails, / or

또는 팔짱을 끼고 있는 것은 / 당신을 ~처럼 보이게 할 수 있다 // 당신이 흥미가 없다고.
crossing your arms / can make you look like // you are not interested.

해석 한눈에 보기

1 듣기의 가장 중요한 부분은 주의를 기울이는 것이다. 2 다른 사람과 눈 맞춤을 하고 고개를 끄덕여라. 3 눈 맞춤은 당신이 집중하고 이해하고 있다는 것을 보여 준다. 4 고개를 끄덕이는 것은 당신이 이야기를 이해하고 있다는 신호이다. 5 '그래' 또는 '와'와 같은 짧은 말을 하는 것은 당신이 주목하고 있다는 것을 보여 주는 또 다른 효과적인 방법이다. 6 그러나 당신은 그것들을 주의 깊게 말해야 한다. 7 당신은 방해하고 있는 것처럼 보이기를 원하지 않는다. 8 당신이 질문을 하거나 뭔가를 말하고 싶다면, 인내심을 가져라. 9 기억해라. 당신의 역할은 다른 사람의 말을 주의 깊게 듣는 것이다.
10 당신이 훌륭하고 적극적인 청자가 되고 싶다면, 당신은 또한 몇 가지도 피해야 한다. 11 당신이 말할 순서가 되었을 때, '나는' 또는 '나를'을 너무 자주 사용하지 마라. 12 당신은 자신을 화자의 입장에 두어야 한다. 13 이것은 당신이 그가 하는 것과 같은 방식으로 상황을 보아야 한다는 것을 의미한다. 14 당신은 또한 당신의 몸짓 언어를 지켜볼 필요가 있다. 15 다리를 떨거나 손톱을 만지작거리거나 팔짱을 끼는 것은 당신이 흥미가 없는 것처럼 보이게 할 수도 있다.

필수 구문 확인하기

1 The most important part of listening is **to pay** attention.
S: The most important part of listening / V: is / C: to pay attention

▸ to pay는 문장의 보어로 쓰인 명사적 용법의 to부정사로 '~하는 것'의 의미이다.

4 Nodding is a sign that you understand the situation.
a sign = that you understand the situation

▸ a sign과 that 이하는 동격 관계이다.

15 **Shaking** your leg, **picking** at your nails, *or* **crossing** your arms can **make** you **look** like you are not interested.
V: make / O: you / C: look like you are not interested

▸ 문장의 주어로 세 개의 동명사구(Shaking ~, picking ~, crossing ~)가 or로 대등하게 연결되어 있으며, '~하는 것'으로 해석한다.

▸ 「make+목적어+동사원형」은 '~가 …하게 하다'의 의미이다.

03 [사회 | 문화를 바라보는 태도] 몸짓은 같아도 의미는 다르다

본문 p.110~113

교육부 지정 중학 필수 어휘
1 offensive **2** rude **3** express **4** positive **5** Similarly **6** facing

START READING!
1 무례한, 예의 없는 **2** (1) T (2) F (3) T

KEEP READING!
1 ⑤ **2** ③ **3** ④ **4** express **5** positive

KEEP READING! 해설

1 지문에 가장 적절한 제목을 고르는 문제이다. 같은 보디랭귀지가 문화가 다른 나라에서는 다른 의미를 가지고 있을 수도 있다는 내용이므로 정답은 ⑤이다.
① 전 세계적으로 사용되는 보디랭귀지

② 과거에 쓰였던 보디랭귀지
③ 아시아와 유럽의 문화 차이들
④ 보디랭귀지의 역사
⑤ 한 가지 이상의 의미를 가진 몸짓들

2 프랑스에서 무례하게 여겨지는 것은 오케이 표시라고 했으므로 일치하지 않는 것은 ③이다.

3 영국과 호주에서 무례하다고 여겨지는 몸짓을 고르는 문제이다. 지문에서 영국과 호주에서 V 표시를 손등을 다른 사람에게 향하게 한 채 사용하는 것은 매우 모욕적이어서 당신은 큰 곤란에 처할 수도 있다(However, using the sign ~ get in big trouble.)고 했으므로 정답은 ④이다.

4 (1) 짖는 것은 개들이 어떻게 느끼는지를 (A) 나타내는 방식 중 하나이다.
(2) 나는 (B) 급행 지하철을 탈 거야. 그러면 그곳에 정각에 도착할 거야.
첫 번째 문장의 (A)는 '나타내다'라는 말이 들어가고, 두 번째 문장의 (B)는 '급행의'라는 말이 들어가야 적절하므로 정답은 express(나타내다, 표현하다; 급행의, 신속한)이다.

5 ⓐ는 '좋은 일이 일어나거나 상황이 더 나아질 것이라 믿는'을 의미하고 ⓑ는 '완전히 확실한, 확신하는'의 의미이므로 정답은 positive(긍정적인, 낙관적인; 확신하고 있는, 자신 있는)이다.

끊어서 읽기

오케이 표시는 / 많은 다른 의미를 갖는다.
[1] The OK sign / has many different meanings. [2] In most
대부분의 영어를 모국어로 말하는 나라에서는 / 이 표시는 긍정적인 의미를 갖는다.
English-speaking countries, / this sign has a positive meaning. [3] It
그것은 '알았어' 또는 '좋아'를 의미한다. 그것은 또한 이해된다 / 긍정적인 쪽으로 /
means "okay" or "good." [4] It's also understood / in a positive way /
아르헨티나에서. 아시아 국가들에서는 / 그 몸짓은 다른 것을 의미한다.
in Argentina. [5] In Asian countries, / the gesture means something
그것은 나타내는 데 사용될 수 있다 / 돈이나 동전에 대한 무언가를
different. [6] It can be used to express / something about money or
/ 또는 심지어 숫자 3을. 오케이 표시는 사용된다 / 긍정적인 쪽으로
coins, / or even the number 3. [7] The OK sign is used / in a positive
/ 많은 곳에서. 그러나 주의해라 // 당신이 프랑스에 있을 때.
way / in many places. [8] But be careful // when you are in France. [9] It
그것은 무례한 몸짓이다.
is a rude gesture.

마찬가지로 두 가지 방식이 있다 / V 표시를 만드는. 당신은 보여 줄 수 있다
[10] Similarly, there are two ways / to make the V sign. [11] You can show
(to make: to+동사원형 (~할))
/ 손등이나 손의 안쪽을 / 다른 사람에게.
/ either the back or the inside part of your hand / to others. [12] Both
(either ... or: ~나 … 둘 중의 하나)
두 가지 방식 모두 미국에서는 괜찮다. 둘 다 '승리'나 '평화'를 나타낸다.
ways are fine in the U.S. [13] Both refer to "victory" or "peace." [14] Most
대부분의 사람들은 좀 더 친숙하다 / 그 몸짓에 / 평화의 표시로서.
people are more familiar / with the gesture / as a sign of peace.

베트남 전쟁 중에 / 많은 사람들은 이 표시를 사용했다 /
[15] During the Vietnam War, / many people used the sign / while
(while: ~하면서)

어휘 확인하기

sign 몸짓, 신호, 표시
meaning 뜻, 의미
positive 긍정적인, 낙관적인; 확신하고 있는, 자신 있는
mean 뜻하다, 의미하다
gesture 몸짓, 제스처
express 나타내다, 표현하다; 급행의, 신속한
coin 동전
rude 무례한, 예의 없는
similarly 비슷하게, 유사하게; 마찬가지로
either A or B A 또는 B, A 아니면 B
refer to A A를 나타내다, A와 관련 있다
victory 승리
familiar with ~에 친숙한, 익숙한
face 얼굴; 표정; 마주 보다, 향하다
offensive 모욕적인, 불쾌한; 공격(용)의, 공격적인
the U.K. 영국 《the United Kingdom의 줄임말》
Australia 호주
insulting 모욕적인
get in trouble 곤란에 처하다

'평화'라고 말하면서. 그런데 이 표시를 사용하는 것은 / 손등을 다른 사람에게 향한 채로

saying "peace." [16] However, using the sign / with the back of the

/ 모욕적일 수 있다 / 영국과 호주에서는.

hand facing another person / can be offensive / in the U.K. and

그것은 매우 모욕적이다 // 그리고 당신은 큰 곤란에 처할 수 있다.

Australia. [17] It is very insulting, // and you could get in big trouble.

[선택지 어휘]
bark (개가) 짖다
completely 완전히

해석 한눈에 보기

[1] 오케이 표시는 많은 다른 의미를 갖는다. [2] 대부분의 영어를 모국어로 말하는 나라에서는 이 표시는 긍정적인 의미를 갖는다. [3] 그것은 '알았어' 또는 '좋아'를 의미한다. [4] 그것은 아르헨티나에서도 긍정적인 쪽으로 이해된다. [5] 아시아 국가에서는 그 몸짓은 다른 것을 의미한다. [6] 그것은 돈이나 동전과 관련된 것 또는 심지어 숫자 3을 나타내는 데 사용될 수 있다. [7] 오케이 표시는 많은 곳에서 긍정적인 쪽으로 사용된다. [8] 그러나 당신이 프랑스에 있을 때는 주의해라. [9] 그것은 무례한 몸짓이다.
[10] 마찬가지로 V 표시를 만드는 두 가지 방식이 있다. [11] 당신은 손등이나 손의 안쪽을 다른 사람에게 보여 줄 수 있다. [12] 두 가지 방식 모두 미국에서는 괜찮다. [13] 둘 다 '승리'나 '평화'를 나타낸다. [14] 대부분의 사람들은 평화의 표시로서 그 몸짓에 좀 더 익숙하다. [15] 베트남 전쟁 동안 많은 사람들이 그 표시를 '평화'라고 말하면서 사용했다. [16] 그런데 영국과 호주에서 손등을 다른 사람에게 향한 채로 그 표시를 사용하는 것은 모욕적일 수 있다. [17] 그것은 매우 모욕적이어서 당신은 큰 곤란에 처할 수도 있다.

필수 구문 확인하기

[6] It can **be used to express** something about money or coins, or even the number 3.

▸ 「be used to 동사원형」은 '~하는 데 사용되다'의 의미이다.

[16] However, using the sign **with the back of the hand facing** another person can be offensive in the U.K. and Australia.
(S: using the sign ~ another person / V: can be / C: offensive)

▸ 동명사구(using ~ person)가 주어인 구조이다.

▸ with ~ person은 부사구이며 「with+명사+-ing(현재분사)」는 '~가 …한 채로[하면서]'의 의미이다.

04 [과학 | 생물의 생장] 피부 화상 때문에 목숨을 잃을 수도 있다고요?

본문 p.114~117

교육부 지정 중학 필수 어휘
1 cells 2 prevent 3 plenty 4 immediate 5 formed 6 structure

START READING!
1 (1) T (2) F (3) T 2 Our body can get burned

KEEP READING!
1 ② 2 ③ 3 ④ 4 ③ 5 immediate

KEEP READING! 해설

1 지문에 가장 적절한 주제를 고르는 문제이다. 화상을 입으면 위험한 이유에 대한 내용이므로 정답은 ②이다.
① 화상을 치료하는 방법
② 화상이 위험한 이유
③ 화상을 입었을 때의 적절한 치료법
④ 화상을 방지하는 방법
⑤ 건강한 피부를 유지하는 방법

2 화상을 입으면 수분이 빠져나가는 것을 막는 피부 바깥층에 있는 특별한 방수 벽의 기능이 잘 작동하지 않는다(However, ~ work well.)고 했으므로 ③은 내용과 일치하지 않는다.

3 화상이 심할수록 더 많은 수분을 잃는다(The worse ~ water is lost.)고 했으므로 (A)에는 burn, (B)에는 water가 들어가는 것이 알맞다. 따라서 정답은 ④이다.

(A) 화상이 심할수록, 더 많은 (B) 수분이 몸에서 유실된다.

(A)		(B)
① 감기	……	지방
② 병	……	에너지
③ 고통	……	근육
④ 화상	……	수분
⑤ 고통	……	땀

4 주어진 문장은 '그것은 더 이상 수분이 몸에서 빠져나가는 것을 막지 못한다.'라는 의미이다. ③의 앞부분에서 피부 바깥층에 화상을 입으면 기능을 잘하지 못한다(However, when the outer ~ doesn't work well.)는 내용이 나오고, 뒤에서는 이 보호층 없이는 몸은 빠르게 수분을 잃는다(Without this protective ~ quickly loses water.)는 내용이 이어지므로 이 문장이 들어가기에 가장 적절한 곳은 ③이다.

5 '즉시 일이 일어나는'의 뜻풀이이므로 정답은 immediate(즉각적인)이다.

끊어서 읽기

사람들이 화상을 입을 때 // 가장 큰 문제 중 하나는 탈수증이다.
1 When people get burned, // one of the biggest problems is

이유를 추측할 수 있겠는가? 피부의 바깥층은 /
dehydration. 2 Can you guess why? 3 The outer layer of your skin is /

특별한 세포로 구성되어 있다. 시간이 지나면서 / 이 세포들은 저절로 죽는다.
made up of special cells. 4 Over time, / these cells die naturally.

그 후에 / 죽은 세포들은 표면에 벽을 만든다 /
5 After that, / the dead cells form a wall on the surface / of the

당신의 피부의 바깥층에. 이것은 당신의 피부를 보호한다. 이 벽은 매우 독특한
outer layer of your skin. 6 This protects your skin. 7 This wall has a

구조를 갖고 있다. 그것은 플라스틱만큼 방수가 된다! 이것은 막는다
very unique structure. 8 It is as waterproof as plastic! 9 This prevents

/ 수분이 당신의 몸에서 나가는 것을 / 당신의 피부를 통해. 그런데 /
/ water from leaving your body / through your skin. 10 However, /

당신 피부의 바깥층이 (할 때) / 화상을 입을 (때) // 그것은 잘 기능하지 않는다.
when the outer layer of your skin / gets burned, // it doesn't work

그것은 더 이상 ~을 할 수 없다 / 수분이 당신의 몸에서 빠져나가는 것을 막는 것.
well. 11 It can no longer / keep water from leaving the body.

이 보호층 없이는 / 몸은 빠르게 수분을 잃는다.
12 Without this protective covering, / the body quickly loses water.

화상이 심할수록 // 더 많은 수분을 잃는다. 탈수증은
13 The worse the burn is, // the more water is lost. 14 Dehydration can

매우 심각할 수 있다 / 그리고 심지어 죽음을 초래한다.
be very serious / and even cause death. 15 If more than one-third of

어휘 확인하기

burn 화상을 입다; 화상
outer 바깥의, 외부의
layer 층
cell 세포; 감방, 독방
naturally 저절로, 자연스럽게
form 종류, 유형; 형태; 형성하다, 구성하다
surface 표면
protect 보호하다
unique 독특한
structure 구조; 체계, 짜임새; 조직하다, 구조화하다
waterproof 방수의
prevent 막다, 방지하다
covering ~을 덮는 막[층]
serious 심각한
immediate 즉각적인
rest 휴식을 취하다
plenty 풍부[충분]한 양; 많이; (돈 · 식량 등이) 풍요로움[풍성함]
plenty of 많은, 풍부한

[선택지 어휘]
treat 치료하다, 처치하다
proper 적절한, 제대로 된
suffering 고통
sweat 땀

만약 피부의 3분의 1 이상이 화상을 입으면 // 당신은 매우 위험하다. 당신은 의사로부터
your skin is burned, // you are in great danger. 16 You have to get

즉각적인 치료를 받아야 한다! 그리고 어떤 화상 후에든 / 반드시 휴식을 취하라
immediate care from a doctor! 17 And after any burn, / make sure to

/ 그리고 많은 물을 마셔라.
rest / and drink plenty of water.

right away 곧바로

해석 한눈에 보기

1 사람들이 화상을 입을 때 가장 큰 문제 중 하나는 탈수증이다. 2 이유를 추측할 수 있는가? 3 피부의 바깥층은 특별한 세포로 구성되어 있다. 4 시간이 지나면서 이 세포들은 저절로 죽는다. 5 그 후에 그 죽은 세포들은 당신 피부의 바깥층의 표면에 벽을 만든다. 6 이것은 당신의 피부를 보호한다. 7 이 벽은 매우 독특한 구조를 갖고 있다. 8 그것은 플라스틱만큼 방수가 된다! 9 이것은 수분이 당신의 피부를 통해 몸에서 나가는 것을 막는다. 10 그런데 당신 피부의 바깥층이 화상을 입을 때, 그것은 제대로 기능을 하지 못한다. 11 그것은 더 이상 수분이 몸에서 빠져나가는 것을 막을 수 없다. 12 이 보호층 없이는 몸은 빠르게 수분을 잃는다. 13 화상이 심할수록, 더 많은 수분을 잃는다. 14 탈수증은 매우 심각하고 심지어 죽음을 초래할 수도 있다. 15 만약 당신 피부의 3분의 1 이상이 화상을 입는다면 당신은 매우 위험하다. 16 당신은 의사로부터 즉각적인 치료를 받아야 한다! 17 그리고 어떤 화상 후에든 반드시 휴식을 취하고 많은 물을 마셔라.

필수 구문 확인하기

9 This **prevents water from leaving** your body through your skin.

▸ 「prevent+목적어+from+-ing」는 '~가 …하는 것을 막다'의 의미이다. prevent 대신에 keep을 써도 같은 의미이다.

13 **The worse** the burn is, **the more** water is lost.

▸ 「the+비교급 ~, the+비교급 …」은 '~하면 할수록 더 …하다'의 의미이다.

17 And after any burn, **make sure to rest** *and* **(to) drink** plenty of water.

▸ 「make sure+to+동사원형」은 '반드시[꼭] ~하다'라는 뜻이다.

▸ to rest와 (to) drink가 and로 연결되어 있다.

MEMO

MEMO

READING RELAY

READING RELAY
STARTER **1, 2**

READING RELAY
CHALLENGER **1, 2**

READING RELAY
MASTER **1, 2**

쎄듀 초·중등 커리큘럼

구분	예비초	초1	초2	초3	초4	초5	초6
구문		천일문 365 일력 | 초1-3 | 교육부 지정 초등 필수 영어 문장		초등코치 천일문 SENTENCE 1001개 통문장 암기로 완성하는 초등 영어의 기초			
문법					초등코치 천일문 GRAMMAR 1001개 예문으로 배우는 초등 영문법		
문법			왓츠 Grammar Start (초등 기초 영문법) / Plus (초등 영문법 마무리)				
독해				왓츠 리딩 70 / 80 / 90 / 100 A / B 쉽고 재미있게 완성되는 영어 독해력			
어휘				초등코치 천일문 VOCA&STORY 1001개의 초등 필수 어휘와 짧은 스토리			
어휘		패턴으로 말하는 초등 필수 영단어 1 / 2 문장 패턴으로 완성하는 초등 필수 영단어					
ELT	Oh! My PHONICS 1 / 2 / 3 / 4 유·초등학생을 위한 첫 영어 파닉스						
ELT		Oh! My SPEAKING 1 / 2 / 3 / 4 / 5 / 6 핵심 문장 패턴으로 더욱 쉬운 영어 말하기					
ELT		Oh! My GRAMMAR 1 / 2 / 3 쓰기로 완성하는 첫 초등 영문법					

구분	예비중	중1	중2	중3
구문	천일문 STARTER 1 / 2 중등 필수 구문 & 문법 총정리			
문법	천일문 GRAMMAR LEVEL 1 / 2 / 3 예문 중심 문법 기본서			
문법	GRAMMAR Q Starter 1, 2 / Intermediate 1, 2 / Advanced 1, 2 학기별 문법 기본서			
문법	잘 풀리는 영문법 1 / 2 / 3 문제 중심 문법 적용서			
문법	GRAMMAR PIC 1 / 2 / 3 / 4 이해가 쉬운 도식화된 문법서			
문법			1센치 영문법 1권으로 핵심 문법 정리	
문법+어법			첫단추 BASIC 문법·어법편 1 / 2 문법·어법의 기초	
문법+쓰기	EGU 영단어&품사 / 문장 형식 / 동사 써먹기 / 문법 써먹기 / 구문 써먹기 서술형 기초 세우기와 문법 다지기			
문법+쓰기				올씀 1 기본 문장 PATTERN 내신 서술형 기본 문장 학습
쓰기	거침없이 Writing LEVEL 1 / 2 / 3 중등 교과서 내신 기출 서술형			
쓰기		중학 영어 쓰작 1 / 2 / 3 중등 교과서 패턴 드릴 서술형		
어휘	신간 천일문 VOCA 중등 스타트/필수/마스터 2800개 중등 3개년 필수 어휘			
어휘	어휘끝 중학 필수편 중학 필수어휘 1000개		어휘끝 중학 마스터편 고난도 중학어휘 +고등기초 어휘 1000개	
독해	신간 ReadingGraphy LEVEL 1 / 2 / 3 / 4 중등 필수 구문까지 잡는 흥미로운 소재 독해			
독해	Reading Relay Starter 1, 2 / Challenger 1, 2 / Master 1, 2 타교과 연계 배경 지식 독해			
독해		READING Q Starter 1, 2 / Intermediate 1, 2 / Advanced 1, 2 예측/추론/요약 사고력 독해		
독해전략			리딩 플랫폼 1 / 2 / 3 논픽션 지문 독해	
독해유형			Reading 16 LEVEL 1 / 2 / 3 수능 유형 맛보기 + 내신 대비	
독해유형			첫단추 BASIC 독해편 1 / 2 수능 유형 독해 입문	
듣기	Listening Q 유형편 / 1 / 2 / 3 유형별 듣기 전략 및 실전 대비			
듣기		쎄듀 빠르게 중학영어듣기 모의고사 1 / 2 / 3 교육청 듣기평가 대비		

교과서 지식으로 영문 독해를 자신 있게!

리딩 릴레이

READING RELAY

단어 암기장

CHALLENGER

Chapter 01

01 상자를 열지 마시오 p.12~15

- ☐ **lock** [lɑk] 동 잠그다 명 자물쇠, 잠금장치
- ☐ **completely** [kəmplíːtli] 부 완전히, 완벽히
- ☐ **warning** [wɔ́ːrniŋ] 명 경고, 주의
- ☐ **harmful** [hɑ́ːrmfəl] 형 해로운, 유해한
- ☐ **lid** [lid] 명 ① 뚜껑, 덮개 ② 눈꺼풀
- ☐ **empty** [émpti] 형 비어 있는, 빈 동 비우다
- ☐ **tiny** [táini] 형 아주 작은

- ☐ mighty [máiti] 위대한, 대단한
- ☐ feel sorry about ~에 대해 유감으로 생각하다
- ☐ fall in love with ~와 사랑에 빠지다
- ☐ at first sight 첫눈에
- ☐ curious [kjúəriəs] 궁금한, 호기심이 많은
- ☐ raise [reiz] (들어) 올리다
- ☐ such as ~와 같은
- ☐ envy [énvi] 시기, 질투
- ☐ disease [dizíːz] 병, 질병
- ☐ bug [bʌg] 벌레
- ☐ freedom [fríːdəm] 자유
- ☐ make all the difference 중요한 영향을 끼치다

02 눈송이 아저씨 윌슨 벤틀리 p.16~19

- ☐ **melt** [melt] 동 ① 녹다, 녹이다 ② (감정 등이) 녹다, 누그러뜨리다
- ☐ **effort** [éfərt] 명 노력, 수고

- ☐ **pattern** [pǽtərn] — 명 무늬, 형태, 패턴 동 무늬를 만들다[이루다]
- ☐ **responsible** [rispánsəbl] — 형 ① 책임지고 있는, 책임이 있는 ② 원인이 되는
- ☐ **method** [méθəd] — 명 방법
- ☐ **gently** [dʒéntli] — 부 부드럽게, 약하게, 조심히

- ☐ closely [klóusli] — 면밀히
- ☐ snowflake [snóuflèik] — 눈송이
- ☐ sketch [sketʃ] — 스케치하다
- ☐ photograph [fóutəgræ̀f] — 사진을 찍다, 촬영하다
- ☐ finally [fáinəli] — 마침내
- ☐ be in love with — ~와 사랑에 빠지다
- ☐ cold [kould] — 추위
- ☐ surface [sə́ːrfis] — (사물의) 표면, 표층

03 구구단의 역사 p.20~23

- ☐ **since** [sins] — 전 ~부터, 이후 접 ~때문에, ~이므로
- ☐ **anxious** [ǽŋkʃəs] — 형 불안해하는, 염려하는
- ☐ **confident** [kánfidənt] — 형 자신감 있는, 확신하는
- ☐ **silent** [sáilənt] — 형 조용한, 침묵하는
- ☐ **master** [mǽstər] — 명 ① 주인 ② 달인 동 숙달하다, 완전히 익히다
- ☐ **count** [kaunt] — 동 세다, 계산하다 명 셈, 계산
- ☐ **merchant** [mə́ːrtʃənt] — 명 상인, 상점주인 형 상인의, 상업의

- ☐ period [píəriəd] — 시대
- ☐ opposite [ápəzit] — 정반대편의 위치에, 맞은편에
- ☐ grown-up — 성인, 어른
- ☐ repeat after — ~을 따라 하다
- ☐ nod [nad] — (고개를) 끄덕이다
- ☐ times [taimz] — ~으로 곱한, 곱하기

- [ ] voice [vɔis] 목소리
- [ ] shh [ʃ] 쉿, 조용히
- [ ] pass [pæs] 지나가다
- [ ] each [iːtʃ] 각각, 각자
- [ ] pear [pɛər] 《과일》 배
- [ ] shopkeeper [ʃάpkìpər] 상점주인
- [ ] pay [pei] 지불하다, 내다
- [ ] seller [sélər] 파는 사람, 판매자
- [ ] take [teik] (얼마의 시간이) 걸리다
- [ ] make [meik] (계산하면) ~이다, ~와 같다
- [ ] still [stil] 그런데도

04 사막식물 p.24~27

- [ ] **surviving** [sərváiviŋ] 형 살아남은, 잔존한
- [ ] **interestingly** [íntəristiŋli] 부 ① 흥미있게, 재미있게 ② 흥미롭게도
- [ ] **spread** [spred] – spread – spread 동 ① 펼치다, 피다 ② 퍼지다, 확산되다
- [ ] **disappear** [dìsəpíər] 동 ① 사라지다, 안 보이게 되다 ② 소멸되다, 멸종되다
- [ ] **seed** [siːd] 명 씨, 씨앗, 종자 동 ① 씨가 맺다 ② 씨앗을 뿌리다

- [ ] plant [plænt] 식물
- [ ] desert [dézərt] 사막
- [ ] own [oun] 자기 자신의
- [ ] deal with 대처하다
- [ ] such [sətʃ] 그 정도의, 그렇게
- [ ] root [ruːt] (식물의) 뿌리
- [ ] absorb [əbsɔ́ːrb] 흡수하다, 빨아들이다
- [ ] take in ~을 섭취[흡수]하다

Chapter 02

01 | 폼페이: 사라진 도시 p.30~33

- ☐ **port** [pɔːrt] 명 항구 (도시)
- ☐ **fountain** [fáuntən] 명 ① 분수 ② (~의) 원천, 근원
- ☐ **theater** [θí(ː)ətər] 명 극장
- ☐ **slave** [sleiv] 명 노예
- ☐ **fancy** [fǽnsi] 형 ① 장식이 많은 ② 값비싼[고급의]
- ☐ **flow** [flou] 동 흐르다 명 흐름

- ☐ century [séntʃəri] 세기
- ☐ trade [treid] 무역, 교역
- ☐ public [pʌ́blik] 공공의
- ☐ bathhouse [bǽθhaus] 목욕탕
- ☐ forum [fɔ́ːrəm] 포럼, 토론회
- ☐ issue [íʃuː] 쟁점, 사안
- ☐ villa [vílə] 저택
- ☐ course [kɔːrs] (식사의 개별) 코스
- ☐ sign [sain] 징후, 조짐
- ☐ pray [prei] 기도하다
- ☐ volcano [vɑlkéinou] 화산

02 | 비둘기는 평화의 상징 p.34~37

- ☐ **stuff** [stʌf] 명 물건, 물질 동 채워 넣다, 채우다
- ☐ **represent** [rèːprizént] 동 ① 대표하다, 대신하다 ② (상징물로) 나타내다, 상징하다
- ☐ **passion** [pǽʃən] 명 열정, 전념
- ☐ **peaceful** [píːsfəl] 형 ① 평화적인, 비폭력적인 ② 평화로운, 평온한

- ▢ **knight** [nait] — 명 (중세의) 기사
- ▢ **fortune** [fɔ́:rtʃən] — 명 ① 운, 행운 ② 재산, 부

- ▢ mean [mi:n] — ~을 뜻하다, 의미하다
- ▢ character [kǽriktər] — 등장인물
- ▢ safety [séifti] — 안전
- ▢ describe [diskráib] — 말하다, 묘사하다
- ▢ beat [bi:t] — 이기다
- ▢ evil [í:vəl] — 악
- ▢ depressed [diprést] — 우울한
- ▢ the blues — 우울(증)
- ▢ witch [witʃ] — 마녀
- ▢ object [ábdʒikt] — 물건, 물체
- ▢ mystery [místəri] — 수수께끼, 미스터리, 신비
- ▢ desert [dézərt] — 사막
- ▢ crown [kraun] — 왕관

03 이색적인 수중 경험 p.38~41

- ▢ **sight** [sait] — 명 ① 시력 ② 풍경, 광경
- ▢ **lounge** [laundʒ] — 명 ① (공항 등의) 라운지 ② (가정집의) 거실
- ▢ **guest** [gest] — 명 손님, 하객
- ▢ **creature** [krí:tʃər] — 명 생물, 동물
- ▢ **amusement** [əmjú:zmənt] — 명 재미, 우스움, 즐거움
- ▢ **contact** [kántækt] — 명 ① 연락 ② (무엇에) 닿음, 접촉 동 (전화 · 편지 등으로) 연락하다

- ▢ underwater [ʌ̀ndərwɔ́:tər] — 물속의, 수중의
- ▢ divide [diváid] — 나누다
- ▢ surround [səráund] — 둘러싸다, 에워싸다

- include [inklúːd] 포함하다
- lighting [láitiŋ] 조명
- light up (빛, 색으로) 환하게 되다[만들다]
- surroundings [səráundiŋz] 환경, 주위
- attract [ətrǽkt] 끌어들이다, 끌어 모으다
- surprised [sərpráizd] 놀란
- located [lóukeitid] ~에 위치한

04 트로이의 목마 p.42~45

☐ **destroy** [distrɔ́i]	동 파괴하다, 박멸하다
☐ **whole** [houl]	형 전체의, 모든 명 전체, 완전체
☐ **pretend** [priténd]	동 ① ~인 척하다 ② ~라고 가장[상상]하다
☐ **loss** [lɔːs]	명 ① 손실, 손해 ② 패배, 실패
☐ **drag** [dræg]	동 끌다, 끌고 가다
☐ **display** [displéi]	동 ① 전시하다 ② 내보이다 명 전시, 진열
☐ **on display**	전시된
☐ Greek [griːk]	그리스 사람; 그리스의
☐ eager [íːgər]	열렬한, 간절히 바라는
☐ soldier [sóuldʒər]	군인, 병사
☐ general [dʒénərəl]	장군
☐ huge [hjuːdʒ]	거대한, 막대한
☐ wooden [wúdn]	나무로 된, 목재의
☐ army [áːrmi]	군대
☐ actually [ǽktʃuəli]	실제로, 사실은
☐ hide [haid]	숨다
☐ celebrate [sélə̀brèit]	기념하다, 축하하다
☐ victory [víktəri]	승리
☐ climb [klaim]	오르다, 올라가다

Chapter **03**

01 | 킨사이 p.48~51

- ☐ **article** [á:rtikl] 명 글, 기사
- ☐ **float** [flout] 동 ① (물에) 뜨다 ② (물이나 공중에서) 떠가다, 떠돌다
- ☐ **overseas** [òuvərsí:z] 형 해외의, 외국의 부 해외에, 외국으로
- ☐ **trade** [treid] 명 거래, 무역 동 거래하다, 무역하다
- ☐ **especially** [ispéʃəli] 부 특히, 특별히
- ☐ **silk** [silk] 명 비단, 실크

- ☐ modern [mádərn] 근대의, 현대의
- ☐ huge [hju:dʒ] 거대한
- ☐ remind A of B A에게 B를 생각나게 하다, 상기시키다
- ☐ bathhouse [bǽθhaus] 목욕탕
- ☐ necessary [nésəsèri] 필요한
- ☐ cloth [klɔ:θ] 천, 옷감
- ☐ goods [gudz] 물건, 상품
- ☐ bathe [beið] 목욕하다
- ☐ at that time 그때, 그 당시에

02 | 미국 속의 작은 중국 p.52~55

- ☐ **located** [lóukeitid] 형 ~에 위치한
- ☐ **migrate** [máigreit] 동 이동하다, 이주하다
- ☐ **allow** [əláu] 동 허락하다, ~하게 두다
- ☐ **language** [lǽŋgwidʒ] 명 (한 나라 · 한 민족 등의) 언어, 말
- ☐ **include** [inklú:d] 동 ① 포함하다, 포괄하다 ② 포함시키다
- ☐ **suit** [su:t] 명 정장, 옷 (한 벌) 동 ① ~에 알맞다, 적당하다 ② ~에 어울리다

- [ ] San Francisco — 샌프란시스코
- [ ] government [gʌ́vərnmənt] — 정부, 정권
- [ ] continue [kəntínjuː] — 계속되다, 이어지다
- [ ] lifestyle [láifstàil] — 생활 방식
- [ ] social [sóuʃəl] — 사회의, 사교적인
- [ ] site [sait] — 위치, 장소
- [ ] Chinese-American — 중국계 미국인
- [ ] celebration [sèləbréiʃən] — 기념[축하]행사, 기념식
- [ ] background [bǽkgràund] — 배경
- [ ] not only that — 그뿐만 아니라
- [ ] experience [ikspíəriəns] — 경험하다
- [ ] taste [teist] — (어떤 것을 짧게 접하는) 경험, 맛보기

03 소설가 김유정 p.56~59

- [ ] **found** [faund] — 동 설립하다, 기초를 세우다
- [ ] **neighbor** [néibər] — 명 이웃, 이웃사람
- [ ] **reflect** [riflékt] — 동 ① 반사하다, 비치다 ② 반영하다, 나타내다
- [ ] **regular** [régjələr] — 형 ① 규칙적인, 정기적인 ② 일반적인, 평범한
- [ ] **literature** [lítərətʃər] — 명 ① 문학 (작품), 문예 ② 조사[연구] 보고서, 논문
- [ ] **participate** [pɑːrtísəpèit] — 동 참가하다, 참여하다

- [ ] represent [rèprizént] — 대표하다, 대신하다
- [ ] hometown [hóumtáun] — 고향
- [ ] night school — 야간 학교
- [ ] setting [sétiŋ] — 배경
- [ ] novel [návəl] — 소설
- [ ] countryside [kʌ́ntrisàid] — 시골 지역
- [ ] village [vílidʒ] — 마을
- [ ] develop [divéləp] — 개발하다, 조성하다

- ☐ in memory of ~을 기념[추모]하여
- ☐ birthplace [bə:rθplèis] 생가, 출생지
- ☐ various [vériəs] 여러 가지의, 다양한
- ☐ station [stéiʃən] 역, 정거장
- ☐ name after ~의 이름을 따서 이름 짓다

04 배고픔도 가짜가 있다? p.60~63

- ☐ **hunger** [hʌ́ŋgər] 명 ① 굶주림, 기아 ② 배고픔 ③ (~에 대한) 갈구[갈망]
- ☐ **meal** [mi:l] 명 식사, 끼니
- ☐ **satisfied** [sǽtisfàid] 형 만족하는, 흡족해하는
- ☐ **fake** [feik] 형 가짜의, 거짓된 동 ① 위조하다 ② 꾸미다, ~인 척하다
- ☐ **research** [risə́:rtʃ] 명 연구, 조사 동 연구하다, 조사하다
- ☐ **tired** [táiərd] 형 ① 피로한, 피곤한, 지친 ② 싫증난 ③ (어떤 것이) 지겨운
- ☐ stomach [stʌ́mək] 위, 배
- ☐ on the other hand 다른 한편으로는, 반면에
- ☐ suddenly [sʌ́dnli] 갑자기
- ☐ get worse 악화되다, 점점 나빠지다
- ☐ particular [pərtíkjələr] 특정한
- ☐ empty [émpti] 공복의, 배고픈
- ☐ according to ~에 따르면
- ☐ experience [ikspíəriəns] 경험하다
- ☐ in order to ~하기 위해서, ~하려고
- ☐ overcome [òuvərkʌ́m] 극복하다
- ☐ reason [rí:zən] 이유, 까닭

Chapter 04

01 3D 프린터 p.66~69

- ▢ **quite** [kwait] 부 ① 꽤, 상당히 ② 지극히, 아주
- ▢ **imagine** [imǽdʒin] 동 상상하다, (마음으로) 그리다
- ▢ **limit** [límit] 명 ① 한계, 한도 ② 제한 동 제한하다
- ▢ **organization** [ɔ̀ːrgənizéiʃən] 명 조직, 단체
- ▢ **recently** [ríːsəntli] 부 최근에
- ▢ **aim** [eim] 명 목적, 목표 동 ① ~을 목표로 하다 ② 겨냥하다

- ▢ thanks to ~ 덕분에
- ▢ technology [teknálədʒi] 기술
- ▢ object [ábdʒikt] 물건, 물체
- ▢ work [wəːrk] 작동하다
- ▢ let's say 가령, 이를테면
- ▢ bottom [bátəm] 바닥
- ▢ layer [léiər] 층, 겹
- ▢ at a time 한 번에
- ▢ create [kriéit] 만들다, 창조하다
- ▢ pretty [príti] 꽤, 상당히
- ▢ similar [símələr] 비슷한
- ▢ model [mádl] 모형, 견본
- ▢ project [prádʒekt] 프로젝트, 과제
- ▢ imagination [imæ̀dʒənéiʃən] 상상력, 상상
- ▢ design [dizáin] 설계하다
- ▢ auto [ɔ́ːtou] 자동차

02 종이를 발명한 채륜 p.70~73

- ☐ **modern** [mádərn] 형 근대의, 현대의
- ☐ **fabric** [fǽbrik] 명 직물, 천
- ☐ **bark** [bɑːrk] 명 ① 나무껍질 ② (개 등이) 짖는 소리 동 (개가) 짖다
- ☐ **net** [net] 명 그물
- ☐ **soak** [souk] 동 (액체 속에) 적시다, 담그다
- ☐ **succeed** [səksíːd] 동 성공하다

- ☐ invent [invént] 발명하다
- ☐ process [práses] 과정
- ☐ though [ðou] (비록) ~이지만
- ☐ servant [sə́ːrvənt] 하인, 종
- ☐ silk [silk] 실크, 비단
- ☐ work on ~에 애쓰다, ~에 공을 들이다
- ☐ material [mətíəriəl] 직물, 천
- ☐ cloth [klɔːθ] 옷감, 직물, 천
- ☐ boil [bɔil] 끓이다
- ☐ beat [biːt] 두드리다
- ☐ attempt [ətémpt] 시도
- ☐ finally [fáinəli] 마침내, 드디어
- ☐ record [rikɔ́ːrd] 기록하다
- ☐ product [prádəkt] 결과물
- ☐ pleased [pliːzd] 기쁜, 기뻐하는
- ☐ out of respect 존경심에서

03 피라미드의 숨겨진 각도 p.74~77

- ☐ **square** [skwεər] 명 ① 정사각형 ② 광장
- ☐ **million** [míljən] 명 ① 100만 ② 수많은

☐ **exact** [igzǽkt]	형 정확한, 정밀한
☐ **peak** [piːk]	명 ① 절정, 최고조 ② 정상, 꼭대기 형 절정기의, 한창인
☐ **pile** [pail]	명 쌓아 놓은 것, 더미 동 쌓다, 포개다
☐ **slide** [slaid] – slid – slid	동 ① 미끄러지다 ② 미끄러지게 하다, 미끄러뜨리다 명 ① 미끄러짐 ② (어린이용의) 미끄럼틀
☐ base [beis]	토대, 바닥
☐ in addition	게다가
☐ face [feis]	~을 향하다
☐ ancient [éinʃənt]	고대의
☐ mystery [místəri]	미스터리, 신비
☐ tomb [tuːm]	무덤
☐ solve [sɑlv]	풀다
☐ angle [ǽŋgl]	각도
☐ degree [digríː]	(각도의 단위인) 도
☐ in other words	다시 말해서, 즉
☐ downhill [dáunhìl]	내리막[비탈] 아래로
☐ expert [ékspəːrt]	전문가
☐ whether [wéðər]	~인지
☐ surely [ʃuərli]	확실히
☐ full of	~로 가득 찬

04 외국 여행 전 알아야 할 법 p.78~81

☐ **sensitive** [sénsitiv]	형 ① 예민한, 민감한 ② 세심한
☐ **soldier** [sóuldʒər]	명 군인, 병사
☐ **pack** [pæk]	동 (짐을) 싸다, 꾸리다 명 짐, 꾸러미
☐ **expect** [ikspékt]	동 예상하다, 기대하다
☐ **refuse** [rifjúːz]	동 거절하다, 거부하다

- ☐ **yard** [jɑːrd] 명 마당, 뜰
- ☐ military [mílitèri] 군(대)의, 군사의
- ☐ government [gʌ́vərnmənt] 정부, 정권
- ☐ law [lɔː] 법, 법률
- ☐ spy [spai] 스파이 활동을 하다
- ☐ allow [əláu] 허락하다, 허용하다
- ☐ army [ɑ́ːrmi] 군대의
- ☐ pattern [pǽtərn] 모양, 무늬, 패턴
- ☐ item [áitəm] 물품
- ☐ and so on 기타 등등, ~ 등
- ☐ coin [kɔin] 동전
- ☐ cashier [kæʃíər] 출납원, 계산원
- ☐ accept [əksépt] 받아들이다, 받아 주다
- ☐ customer [kʌ́stəmər] 고객, 손님
- ☐ snack [snæk] 간단한 식사, 간식
- ☐ step [step] 계단
- ☐ historic site 유적지
- ☐ fill up ~을 채우다
- ☐ stomach [stʌ́mək] 배, 위

Chapter **05**

01 | 먹는 물병이 있다고요? p.84~89

- ☐ **minute** [mínit] 명 ① (시간 단위의) 분 ② 잠깐
- ☐ **shocked** [ʃɑkt] 형 충격을 받은, 어안이 벙벙한
- ☐ **resolve** [rizɑ́lv] 동 ① (문제 등을) 해결하다 ② (굳게) 다짐하다, 결심하다

☐ **invention** [invénʃən]	명 ① 발명품 ② 발명
☐ **harm** [hɑːrm]	명 해, 피해, 손해 동 해치다, 해를 끼치다
☐ **do harm**	해를 끼치다
☐ **within** [wiðín]	전 (장소 · 시간 · 거리 등) ~ 이내에, ~의 범위 내에서
☐ plastic [plǽstik]	플라스틱
☐ throw A away	A를 버리다[없애다]
☐ surprised [sərpráizd]	놀란, 놀라는
☐ million [míljən]	100만
☐ put effort into	~에 공을 들이다, ~에 노력을 들이다[기울이다]
☐ result [rizʌ́lt]	결과
☐ bubble [bʌ́bəl]	방울[공] 모양의 것
☐ be composed of	~으로 구성되어[이루어져] 있다
☐ seaweed [síːwìd]	해초
☐ hole [houl]	구멍, 틈
☐ surface [sə́ːrfis]	표면, 외면
☐ pop [pɑp]	터뜨리다
☐ break down	분해되다

02 100마일 다이어트 운동 p.88~ 91

☐ **benefit** [bénəfit]	명 혜택, 이득 동 유익하다, 유용하다
☐ **plate** [pleit]	명 그릇, 접시
☐ **transport** [trænspɔ́ːrt]	명 수송, 운송 동 수송하다, 이동시키다
☐ **obtain** [əbtéin]	동 얻다, 손에 넣다, 획득하다
☐ **direct** [dirékt]	형 직접적인 동 지도하다, 관리하다
☐ **economy** [ikɑ́nəmi]	명 경기, 경제
☐ diet [dáiət]	식단
☐ first of all	우선, 다른 무엇보다 먼저

- [ ] environment [inváiərənmənt] 환경
- [ ] local [lóukəl] 지역의, 현지의
- [ ] reduce [ridjúːs] 줄이다, 감소시키다
- [ ] greenhouse gas 온실가스
- [ ] in addition (~에) 덧붙여, 게다가
- [ ] distance [dístəns] 거리
- [ ] store [stɔːr] 창고
- [ ] normally [nɔ́ːrməli] 보통, 대개
- [ ] harvest [háːrvist] 수확
- [ ] weight [weit] 무게, 체중
- [ ] loss [lɔ(ː)s] 감소
- [ ] community [kəmjúːnəti] 공동체, 지역사회
- [ ] support [səpɔ́ːrt] 원조하다, 지원하다
- [ ] producer [prədjúːsər] 생산자
- [ ] value [vǽljuː] 가치
- [ ] product [prάdəkt] 생산물, 상품
- [ ] in turn 결국
- [ ] develop [divéləp] 발달시키다

03 베르사유 궁전 p.92~95

- [ ] **stair** [stεər] 명 《복수형》 계단, 층계
- [ ] **symbol** [símbəl] 명 ① 상징(물) ② (과학, 수학, 음악 등에 쓰이는) 기호
- [ ] **material** [mətíəriəl] 명 ① 직물, 천 ② 재료
- [ ] **impressive** [imprésiv] 형 강한 인상을 주는, 감명을 주는
- [ ] **official** [əfíʃəl] 형 공무상의, 공적인 명 공무원, 관리
- [ ] **except** [iksépt] 전 (누구 · 무엇을) 제외하고는[외에는]
- [ ] wild [waild] 야생의

- ▢ royal [rɔ́iəl] 왕실의, 왕의
- ▢ a set of ~ 한 벌[세트]
- ▢ fountain [fáuntən] 분수
- ▢ sculpture [skʌ́lptʃər] 조각품
- ▢ be covered with ~으로 덮여있다
- ▢ servant [sə́ːrvənt] 하인
- ▢ government [gʌ́vərnmənt] 정부, 정권
- ▢ relieve oneself 대소변을 보다
- ▢ perfume [pə́ːrfjuːm] 향수
- ▢ get rid of ~을 처리하다, ~을 없애다

04 설탕 중독 p.96~99

- ▢ **label** [léibəl] 명 《종이 등에 물건에 대한 정보를 적어 붙여 놓은》 표[라벨, 상표]
  동 표[라벨, 상표]를 붙이다
- ▢ **amazed** [əméizd] 형 (대단히) 놀란
- ▢ **drop** [drɑp] 동 ① 떨어지다, 떨어뜨리다 ② 쓰러지다 명 방울
- ▢ **huge** [hjuːdʒ] 형 (크기 · 양 · 정도가) 엄청난, 거대한
- ▢ **sweet** [swiːt] 형 ① 달콤한, 단 ② 달콤한 향기가 나는
  명 단것, 사탕 및 초콜릿류
- ▢ **source** [sɔːrs] 명 ① 원천, 근원 ② 출처, 공급원

- ▢ reduce [ridjúːs] 줄이다, 축소하다
- ▢ amount [əmáunt] 양, 액수
- ▢ shower [ʃáuər] 소나기
- ▢ cut down on ~을 줄이다
- ▢ digest [daidʒést] 소화하다, 소화시키다
- ▢ increase [inkríːs] 증가하다, 인상되다
- ▢ raise [reiz] (양, 수준 등을) 올리다, 높이다
- ▢ hunger [hʌ́ŋgər] 배고픔

- [ ] low-fat 저지방의
- [ ] bean [biːn] 콩
- [ ] nut [nʌt] 견과
- [ ] low-sugar 당분이 적은

Chapter **06**

01 | 스톤헨지 p.102~105

- [ ] **site** [sait] 명 위치, 장소
- [ ] **wide** [waid] 형 ① 폭이 넓은 ② 폭이 ~인 ③ (면적이) 넓은, 광대한
- [ ] **weigh** [wei] 동 ① 무게가 ~이다 ② 무게[체중]을 달다
- [ ] **reason** [ríːzən] 명 ① 이유, 까닭 ② 근거
- [ ] **period** [píəriəd] 명 ① 기간, 시기 ② (역사상 어떤 특색을 가진) 시대
- [ ] **traditionally** [trədíʃənəli] 부 전통적으로

- [ ] include [inklúːd] 포함하다
- [ ] ring [riŋ] 원, 원형
- [ ] for sure 확실히, 틀림없이
- [ ] expert [ékspəːrt] 전문가
- [ ] ceremony [sérəmòuni] 식, 의식
- [ ] space [speis] 우주
- [ ] daytime [déitàim] 낮
- [ ] celebrate [séləbrèit] 축하하다, 기념하다
- [ ] usually [júːʒuəli] 보통, 대개
- [ ] stay up all night 밤을 꼴딱 새우다, 철야하다

02 대화를 잘하는 방법 p.106~109

- ☐ **attention** [əténʃən] 명 ① 주의, 집중, 주목 ② 관심, 흥미
- ☐ **nod** [nɑd] 동 (고개를) 끄덕이다, 까딱하다 명 (고개를) 끄덕임
- ☐ **concentrate** [kánsəntrèit] 동 집중하다, 전념하다 명 농축액
- ☐ **effective** [iféktiv] 형 효과적인
- ☐ **interrupt** [ìntərʌ́pt] 동 방해하다, 가로막다
- ☐ **role** [roul] 명 역할

- ☐ pay attention 주목하다, 주의를 기울이다
- ☐ eye contact 눈 맞춤
- ☐ sign [sain] 신호, 징조
- ☐ patient [péiʃənt] 참을성 있는, 인내심 있는
- ☐ active [ǽktiv] 적극적인
- ☐ avoid [əvɔ́id] 피하다
- ☐ turn [təːrn] 순서, 차례
- ☐ put oneself in[into] a person's shoes 남의 입장이 되어 생각하다
- ☐ situation [sìtʃuéiʃən] 상황
- ☐ body language 몸짓 언어, 보디랭귀지
- ☐ pick at A A를 만지다
- ☐ cross one's arms 팔짱을 끼다

03 몸짓은 같아도 의미는 다르다 p.110~113

- ☐ **positive** [pázətiv] 형 ① 긍정적인, 낙관적인 ② 확신하고 있는, 자신 있는
- ☐ **express** [iksprés] 동 나타내다, 표현하다 형 급행의, 신속한
- ☐ **rude** [ruːd] 형 무례한, 예의 없는
- ☐ **similarly** [símələrli] 부 ① 비슷하게, 유사하게 ② 마찬가지로
- ☐ **face** [feis] 명 ① 얼굴 ② 표정 동 마주 보다, 향하다
- ☐ **offensive** [əfénsiv] 형 ① 모욕적인, 불쾌한 ② 공격(용)의, 공격적인

- [ ] sign [sain] — 몸짓, 신호, 표시
- [ ] meaning [míːniŋ] — 뜻, 의미
- [ ] mean [miːn] — 뜻하다, 의미하다
- [ ] gesture [dʒéstʃər] — 몸짓, 제스처
- [ ] coin [kɔin] — 동전
- [ ] either A or B — A 또는 B, A 아니면 B
- [ ] refer to A — A를 나타내다, A와 관련 있다
- [ ] victory [víktəri] — 승리
- [ ] familiar with — ~에 친숙한, 익숙한
- [ ] the U.K. — 영국 《the United Kingdom의 줄임말》
- [ ] Australia [ɔ(ː)stréiljə] — 호주
- [ ] insulting [insʌ́ltiŋ] — 모욕적인
- [ ] get in trouble — 곤란에 처하다

04 | 피부 화상 때문에 목숨을 잃을 수도 있다고요? p.114~117

- [ ] **cell** [sel] — 명 ① 세포 ② 감방, 독방
- [ ] **form** [fɔːrm] — 명 ① 종류, 유형 ② 형태 동 형성하다, 구성하다
- [ ] **structure** [strʌ́ktʃər] — 명 ① 구조 ② 체계, 짜임새 동 조직하다, 구조화하다
- [ ] **prevent** [privént] — 동 막다, 방지하다
- [ ] **immediate** [imíːdiət] — 형 즉각적인
- [ ] **plenty** [plénti] — 대 풍부[충분]한 양 부 많이 명 (돈 · 식량 등이) 풍요로움[풍성함]
- [ ] **plenty of** — 많은, 풍부한 (= lots of)
- [ ] burn [bəːrn] — 화상을 입다; 화상
- [ ] outer [áutər] — 바깥의, 외부의
- [ ] layer [léiər] — 층
- [ ] naturally [nǽtʃərəli] — 저절로, 자연스럽게
- [ ] surface [səːrfis] — 표면

- [ ] protect [prətékt] 보호하다
- [ ] unique [juːníːk] 독특한
- [ ] waterproof [wɔ́ːtərprùːf] 방수의
- [ ] covering [kʌ́vəriŋ] ~을 덮는 막[층]
- [ ] serious [síəriəs] 심각한
- [ ] rest [rest] 휴식을 취하다

Chapter 01 Exercise

다음 우리말은 영어로, 영어는 우리말로 써보세요.

01 absorb →
02 completely →
03 photograph →
04 disappear →
05 finally →
06 disease →
07 spread →
08 merchant →
09 method →
10 anxious →
11 nod →
12 since →
13 surviving →
14 freedom →
15 silent →
16 자신감 있는, 확신하는 →
17 녹다, 녹이다; (감정 등이) 녹다, 누그러뜨리다 →
18 책임지고 있는, 책임이 있는; 원인이 되는 →
19 뚜껑, 덮개; 눈꺼풀 →
20 주인; 달인; 숙달하다, 완전히 익히다 →

21 effort →

22 raise →

23 envy →

24 mighty →

25 lock →

26 period →

27 gently →

28 curious →

29 tiny →

30 each →

31 harmful →

32 closely →

33 deal with →

34 surface →

35 interestingly →

36 세다, 계산하다; 셈, 계산 →

37 무늬, 형태, 패턴; 무늬를 만들다[이루다] →

38 비어 있는, 빈; 비우다 →

39 씨, 씨앗, 종자; 씨가 맺다; 씨앗을 뿌리다 →

40 경고, 주의 →

Chapter 02 Exercise

다음 우리말은 영어로, 영어는 우리말로 써보세요.

01 eager →

02 fountain →

03 describe →

04 amusement →

05 lounge →

06 drag →

07 attract →

08 fancy →

09 safety →

10 flow →

11 pray →

12 surround →

13 represent →

14 celebrate →

15 knight →

16 생물, 동물 →

17 ~인 척하다; ~라고 가장[상상]하다 →

18 시력; 풍경, 광경 →

19 항구 (도시) →

20 전시하다; 내보이다; 전시, 진열 →

21 whole →

22 include →

23 guest →

24 climb →

25 trade →

26 loss →

27 huge →

28 stuff →

29 divide →

30 theater →

31 character →

32 object →

33 public →

34 actually →

35 contact →

36 파괴하다, 박멸하다 →

37 운, 행운; 재산, 부 →

38 열정, 전념 →

39 평화적인, 비폭력적인; 평화로운, 평온한 →

40 노예 →

Chapter 03 Exercise

다음 우리말은 영어로, 영어는 우리말로 써보세요.

01 stomach →

02 especially →

03 get worse →

04 overcome →

05 research →

06 various →

07 allow →

08 social →

09 participate →

10 represent →

11 found →

12 remind A of B →

13 float →

14 meal →

15 located →

16 문학 (작품), 문예; 조사[연구] 보고서, 논문 →

17 이웃, 이웃사람 →

18 비단, 실크 →

19 피로한, 피곤한, 지친; 싫증난; (어떤 것이) 지겨운 →

20 포함하다, 포괄하다; 포함시키다 →

21 government →

22 novel →

23 overseas →

24 develop →

25 suit →

26 satisfied →

27 necessary →

28 site →

29 migrate →

30 modern →

31 suddenly →

32 particular →

33 regular →

34 in memory of →

35 article →

36 굶주림, 기아; 배고픔; (~에 대한) 갈구[갈망] →

37 거래, 무역; 거래하다, 무역하다 →

38 가짜의, 거짓된; 위조하다; 꾸미다, ~인 척하다 →

39 반사하다, 비치다; 반영하다, 나타내다 →

40 (한 나라 · 한 민족 등의) 언어, 말 →

Chapter 04 Exercise

다음 우리말은 영어로, 영어는 우리말로 써보세요.

01 pleased →

02 sensitive →

03 bark →

04 record →

05 quite →

06 ancient →

07 accept →

08 soldier →

09 face →

10 pile →

11 refuse →

12 historic site →

13 invent →

14 recently →

15 thanks to →

16 근대의, 현대의 →

17 절정, 최고조; 정상, 꼭대기; 절정기의, 한창인 →

18 정사각형; 광장 →

19 목적, 목표; ~을 목표로 하다; 겨냥하다 →

20 그물 →

21 exact →

22 fabric →

23 attempt →

24 yard →

25 expert →

26 slide →

27 process →

28 government →

29 expect →

30 finally →

31 imagine →

32 similar →

33 soak →

34 create →

35 imagination →

36 성공하다 →

37 조직, 단체 →

38 100만; 수많은 →

39 한계, 한도; 제한; 제한하다 →

40 (짐을) 싸다, 꾸리다; 짐, 꾸러미 →

Chapter 05 Exercise

다음 우리말은 영어로, 영어는 우리말로 써보세요.

01 digest →
02 sweet →
03 within →
04 support →
05 official →
06 sculpture →
07 obtain →
08 huge →
09 environment →
10 increase →
11 stair →
12 shocked →
13 harm →
14 reduce →
15 be composed of →
16 (누구 · 무엇을) 제외하고는 [외에는] →
17 상징(물); (과학, 수학, 음악 등에 쓰이는) 기호 →
18 발명품; 발명 →
19 원천, 근원; 출처, 공급원 →
20 직접적인; 지도하다, 관리하다 →

21 label →

22 plate →

23 value →

24 economy →

25 raise →

26 servant →

27 resolve →

28 royal →

29 material →

30 normally →

31 loss →

32 amazed →

33 distance →

34 local →

35 put effort into →

36 혜택, 이득; 유익하다, 유용하다 →

37 강한 인상을 주는, 감명을 주는 →

38 (시간 단위의) 분; 잠깐 →

39 수송, 운송; 수송하다, 이동시키다 →

40 떨어지다, 떨어뜨리다; 쓰러지다; 방울 →

Chapter 06 Exercise

다음 우리말은 영어로, 영어는 우리말로 써보세요.

01 unique →

02 surface →

03 effective →

04 sign →

05 cell →

06 outer →

07 expert →

08 insulting →

09 site →

10 attention →

11 familiar with →

12 interrupt →

13 prevent →

14 similarly →

15 active →

16 집중하다, 전념하다; 농축액 →

17 폭이 넓은; 폭이 ~인; (면적이) 넓은, 광대한 →

18 무례한, 예의 없는 →

19 (고개를) 끄덕이다, 까딱하다; (고개를) 끄덕임 →

20 나타내다, 표현하다; 급행의, 신속한 →

21 offensive →

22 protect →

23 period →

24 gesture →

25 plenty →

26 either A or B →

27 structure →

28 include →

29 rest →

30 reason →

31 avoid →

32 form →

33 role →

34 celebrate →

35 pay attention →

36 긍정적인, 낙관적인; 확신하고 있는, 자신 있는 →

37 전통적으로 →

38 즉각적인 →

39 무게가 ~이다; 무게[체중]을 달다 →

40 얼굴; 표정; 마주 보다, 향하다 →

Answers for Exercise

Chapter 01 Exercise

01 흡수하다, 빨아들이다 02 완전히, 완벽히 03 사진을 찍다, 촬영하다 04 사라지다, 안 보이게 되다; 소멸되다, 멸종되다 05 마침내 06 병, 질병 07 펼치다, 피다; 퍼지다, 확산되다 08 상인, 상점주인; 상인의, 상업의 09 방법 10 불안해하는, 염려하는 11 (고개를) 끄덕이다 12 ~ 부터, 이후; ~ 때문에, ~이므로 13 살아남은, 잔존한 14 자유 15 조용한, 침묵하는 16 confident 17 melt 18 responsible 19 lid 20 master 21 노력, 수고 22 (들어) 올리다 23 시기, 질투 24 위대한, 대단한 25 잠그다; 자물쇠, 잠금장치 26 시대 27 부드럽게, 약하게, 조심히 28 궁금한, 호기심이 많은 29 아주 작은 30 각각, 각자 31 해로운, 유해한 32 면밀히 33 대처하다 34 (사물의) 표면, 표층 35 흥미있게, 재미있게; 흥미롭게도 36 count 37 pattern 38 empty 39 seed 40 warning

Chapter 02 Exercise

01 열렬한, 간절히 바라는 02 분수; (~의) 원천, 근원 03 말하다, 묘사하다 04 재미, 우스움, 즐거움 05 (공항 등의) 라운지; (가정집의) 거실 06 끌다, 끌고 가다 07 끌어들이다, 끌어 모으다 08 장식이 많은; 값비싼[고급의] 09 안전 10 흐르다; 흐름 11 기도하다 12 둘러싸다, 에워싸다 13 대표하다, 대신하다; (상징물로) 나타내다, 상징하다 14 기념하다, 축하하다 15 (중세의) 기사 16 creature 17 pretend 18 sight 19 port 20 display 21 전체의, 모든; 전체, 완전체 22 포함하다 23 손님, 하객 24 오르다, 올라가다 25 무역, 교역 26 손실, 손해; 패배, 실패 27 거대한, 막대한 28 물건, 물질; 채워 넣다, 채우다 29 나누다 30 극장 31 등장인물 32 물건, 물체 33 공공의 34 실제로, 사실은 35 연락; (무엇에) 닿음, 접촉; (전화 · 편지 등으로) 연락하다 36 destroy 37 fortune 38 passion 39 peaceful 40 slave

Chapter 03 Exercise

01 위, 배 02 특히, 특별히 03 악화되다, 점점 나빠지다 04 극복하다 05 연구, 조사; 연구하다, 조사하다 06 여러 가지의, 다양한 07 허락하다, ~하게 두다 08 사회의, 사교적인 09 참가하다, 참여하다 10 대표하다, 대신하다 11 설립하다, 기초를 세우다 12 A에게 B를 생각나게 하다, 상기시키다 13 (물에) 뜨다; (물이나 공중에서) 떠가다, 떠돌다 14 식사, 끼니 15 ~에 위치한 16 literature 17 neighbor 18 silk 19 tired 20 include 21 정부, 정권 22 소설 23 해외의, 외국의; 해외에, 외국으로 24 개발하다, 조성하다 25 정장, 옷 (한 벌); ~에 알맞다, 적당하다; ~에 어울리다 26 만족하는, 흡족해하는 27 필요한 28 위치, 장소 29 이동하다, 이주하다 30 근대의, 현대의 31 갑자기 32 특정한 33 규칙적인, 정기적인; 일반적인, 평범한 34 ~을 기념[추모]하여 35 글, 기사 36 hunger 37 trade 38 fake 39 reflect 40 language

Chapter 04 Exercise

01 기쁜, 기뻐하는 02 예민한, 민감한; 세심한 03 나무껍질; (개 등이) 짖는 소리; (개가) 짖다 04 기록하다 05 꽤, 상당히; 지극히, 아주 06 고대의 07 받아들이다, 받아 주다 08 군인, 병사 09 ~을 향하다 10 쌓아 놓은 것, 더미; 쌓다, 포개다 11 거절하다, 거부하다 12 유적지 13 발명하다 14 최근에 15 ~ 덕분에 16 modern 17 peak 18 square 19 aim 20 net 21 정확한, 정밀한 22 직물, 천 23 시도 24 마당, 뜰 25 전문가 26 미끄러지다; 미끄러지게 하다, 미끄러뜨리다; 미끄러짐; (어린이용의) 미끄럼틀 27 과정 28 정부, 정권 29 예상하다, 기대하다 30 마침내, 드디어 31 상상하다, (마음으로) 그리다 32 비슷한 33 (액체 속에) 적시다, 담그다 34 만들다, 창조하다 35 상상력, 상상 36 succeed 37 organization 38 million 39 limit 40 pack

Chapter 05 Exercise

01 소화하다, 소화시키다 02 달콤한, 단; 달콤한 향기가 나는; 단것, 사탕 및 초콜릿류 03 (장소 · 시간 · 거리 등) ~ 이내에, ~의 범위 내에서 04 원조하다, 지원하다 05 공무상의, 공적인; 공무원, 관리 06 조각품 07 얻다, 손에 넣다, 획득하다 08 (크기 · 양 · 정도가) 엄청난, 거대한 09 환경 10 증가하다, 인상되다 11 계단, 층계 12 충격을 받은, 어안이 벙벙한 13 해, 피해, 손해; 해치다, 해를 끼치다 14 줄이다, 감소시키다 15 ~으로 구성되어[이루어져] 있다 16 except 17 symbol 18 invention 19 source 20 direct 21 표[라벨, 상표]; 표[라벨, 상표]를 붙이다 22 그릇, 접시 23 가치 24 경기, 경제 25 (양, 수준 등을) 올리다, 높이다 26 하인 27 (문제 등을) 해결하다; (굳게) 다짐하다, 결심하다 28 왕실의, 왕의 29 직물, 천; 재료 30 보통, 대개 31 감소 32 (대단히) 놀란 33 거리 34 지역의, 현지의 35 ~에 공을 들이다, ~에 노력을 들이다[기울이다] 36 benefit 37 impressive 38 minute 39 transport 40 drop

Chapter 06 Exercise

01 독특한 02 표면 03 효과적인 04 신호, 징조 05 세포; 감방, 독방 06 바깥의, 외부의 07 전문가 08 모욕적인 09 위치, 장소 10 주의, 집중, 주목; 관심, 흥미 11 ~에 친숙한, 익숙한 12 방해하다, 가로막다 13 막다, 방지하다 14 비슷하게, 유사하게; 마찬가지로 15 적극적인 16 concentrate 17 wide 18 rude 19 nod 20 express 21 모욕적인, 불쾌한; 공격(용)의, 공격적인 22 보호하다 23 기간, 시기; (역사상 어떤 특색을 가진) 시대 24 몸짓, 제스처 25 풍부[충분]한 양; 많이; (돈 · 식량 등이) 풍요로움[풍성함] 26 A 또는 B, A 아니면 B 27 구조; 체계, 짜임새; 조직하다, 구조화하다 28 포함하다 29 휴식을 취하다 30 이유, 까닭; 근거 31 피하다 32 종류, 유형; 형태; 형성하다, 구성하다 33 역할 34 축하하다, 기념하다 35 주목하다, 주의를 기울이다 36 positive 37 traditionally 38 immediate 39 weigh 40 face